死ぬ前に知っておきたい あの世の話

坂本政道

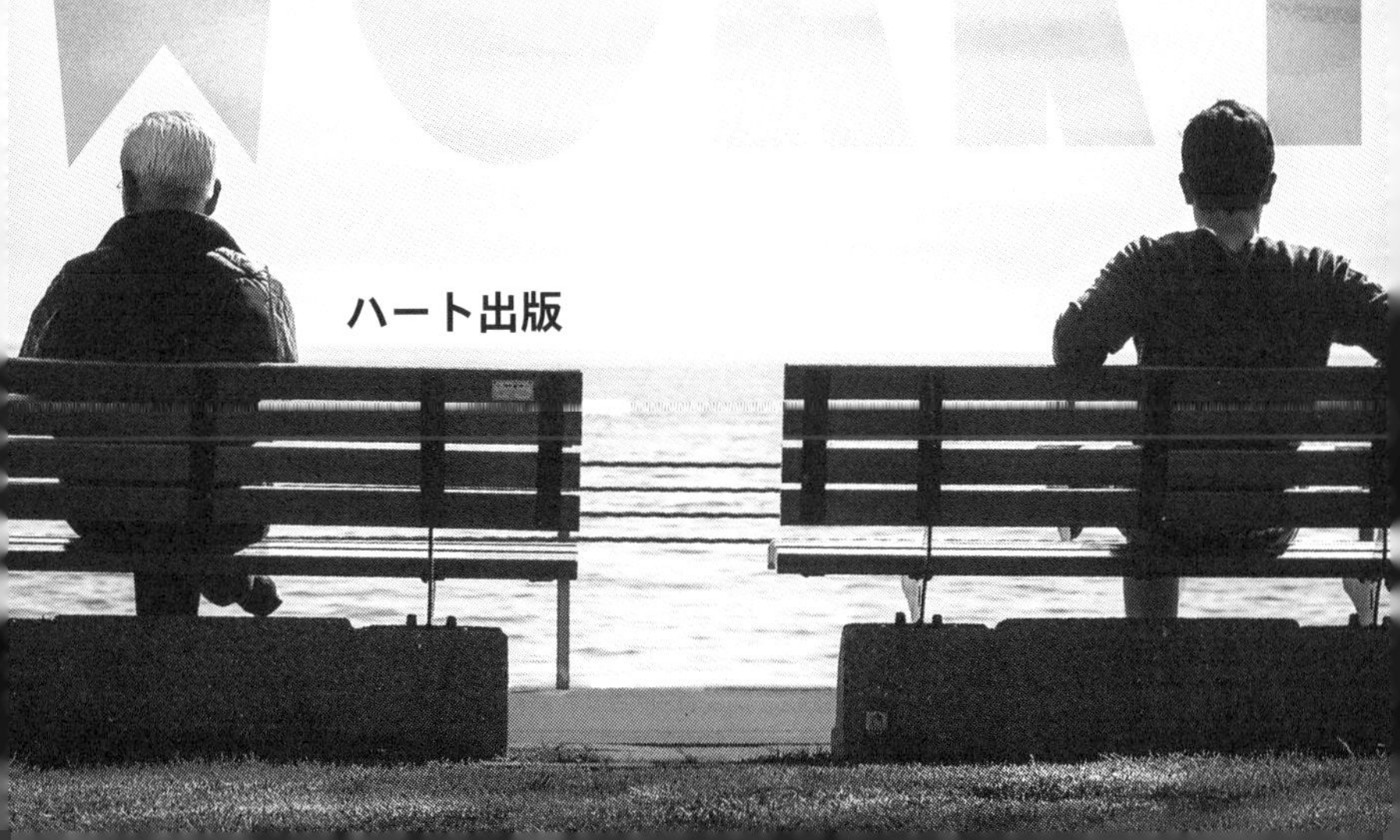

ハート出版

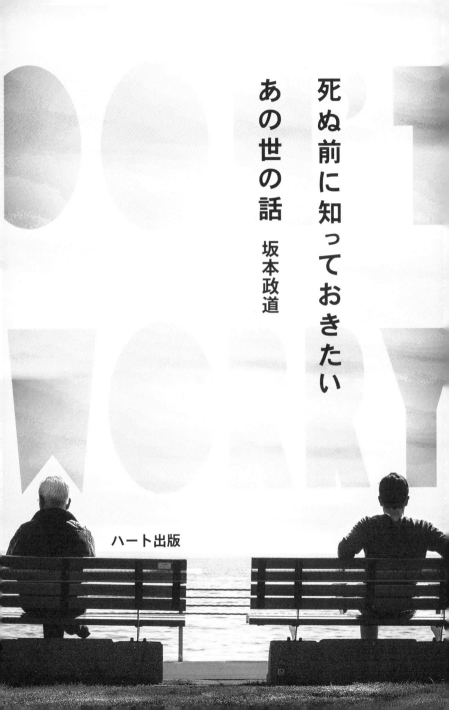

はじめに

人は死んだらどうなるのか、あの世はあるのか、あるならどういう世界なのか。これらは人類にとって長年の問いでした。宗教がその答えを提供した時代もありましたが、科学的な考え方をする現代人が納得する形での答えは得られていません。

そういう中、アメリカのモンロー研究所の開発した**ヘミシンク**は、その状況を打破する可能性を秘めた技術として注目を集めています。

あの世の存在の科学的な証拠を得るというところまでには至ってませんが、あの世を自ら体験することを可能とすることで、体験した人はあの世を確信するというところまでには至っています。

ヘミシンクはステレオヘッドフォンをとおして特殊な音響を聴くことで、**変性意識**という状態へ安全に導く技術です。

変性意識と聞くと、何それ？　と思われるかもしれませんが、普通の目覚めている意識とは違う状態のことです。夢もそのひとつです。その他、直感やひらめき、創造性にあふれた特殊な意識状態もこのひとつです。

このように可能性を秘めた変性意識ですが、21世紀は変性意識の活用により人間能力をこれまで以上に飛躍的に開花発展させる時代になると考えられています。

これまでに多くの人たちがヘミシンクを聴くことで、あの世を体験してきていま す。

本書では、そういう人たちの体験を基にして導き出されたあの世の姿について、質問に答えるという形で、お話しします。

◆人は死んだらどうなるの？
◆あの世はどういう世界なの？
◆死んだら裁きを受けるの？
◆死んだ人にコンタクトできるの？
◆あの世はどこにあるの？
◆生まれ変わりはあるの？
◆輪廻から出られるの？

◆神様はいるの？
◆人生に目的はあるの？

こういった誰もが知りたい質問に答えています。

また、最後には「ヘミシンクで行った世界が本当にあの世だとどうして言えるの？」という質問にも答えています。もし、そこが最初に知りたい方はぜひそちらからお読みいただいてもかまいません。

本書がみなさまのお役に立つことを祈っています。

２０１６年４月　坂本政道

死ぬ前に知っておきたいあの世の話◆目次

輪廻転生　生まれ変わりはあるの？　147

神仏宗教について教えて　167

あの世を物理学で説明できるの？　191

あの世は
どういう世界なの？

死後の世界、幽霊、天国と地獄、
祟りや霊障、守護霊……
「あの世」についての素朴な質問

Q1　人は死んだらどうなるの？

人は死ぬと肉体は死にますが、自分は生き続けます。

ここでいう自分とは、これまでの人生でずっと自分だと思っていた自分です。つまり、自分の体と意識です。それがそのまま生き続けるのです。

肉体がないのに、体があるなんておかしいと思うかもしれませんが、実際、死んでも体はあります。肉体ではありませんが、物質ではない何かで作られた体です。物質ではない何かをここでは非物質と呼ぶことにします。

《非物質の体》

非物質の体は肉体とほとんど同じ大きさで同じ形をしています。手もあり、足もあります。もちろん頭や胴体もあります。

生きているときは肉体という着ぐるみを着ている状態で、死ぬと着ぐるみを脱いで中身だけになるという感じです。その中身が非物質の体と考えていいでしょう。

この体は物質ではできていないので、物質に触れることはできません。たとえば、コーヒーカップを持とうとしても、手は素通りしてしまいます。逆に言えば、物質を通り抜けることができます。いわゆる壁抜けができます。

この体は重力にも影響されませんので、浮き上がることも空を飛ぶこともできます。さらに、行き先を思うだけで瞬時にその場へ行くこともできるようになります。

物質世界を見る（知覚する）ことができますが、生きている人には自分の姿は普通は見えません。普通はと言ったのは、人によっては、あるいは状況によっては、見える人もいるからです。こういうふうに目撃されたのがいわゆる**幽霊**です。

《意識》

意識もこれまでとほとんど同じ状態で存続します。脳がないのだから、考えられないのではないかと思うかもしれませんが、そんなことはありません。ちゃんと考えることができます。また、これまでどおり楽しいとか悲しいとか感じることもできます。また、記憶力もあります。昔のことを覚えています。

ただし、時間が経つにつれて、これまでのようには明晰に（しっかりとクリアに）

考えられなくなる人もいるようです。その場合は、理性的、論理的な思考よりは感覚的、感情的、直感的なものが優勢になってきます。場合によっては、さらに、狭い考えや感情の中にどっぷりと浸かってしまう人もいます。その辺は個人差が大きいように見えます。

このように、死んでもこれまでと同じように体があり、意識があります。考え、感じることができます。つまり、自分は生き続けるのです。そのため、死んだことに気づかない人もいます。

死んだ後の自分は非物質でできているので、物質でできているこの世には長居はできません。非物質の世界へと自然に入っていきます。非物質の世界とはあの世のことです。あの世とはどういう世界なのかについては、次でお答えします。

ここで強調したいのは、自分は死後も生き続けるということです。これを知るだけで、死に対する不安や怖れを軽減できるのではないでしょうか？

Q2 あの世はどういう世界なの？

あの世とひと言で言っても、実は広大な世界です。この世（物質世界）に近いところから遠いところまで、実にさまざまな世界があります。

それらは年輪のように層になっていると考えてもいいでしょう。木の中心部がこの世で、年輪の部分があの世に相当します。中心から離れるにつれてこの世から離れたところにある世界ということになります。

ただし、この世から離れると言っても、空間的に離れたところにあるという意味ではありません。詳しくは、後で「あの世はどこにあるの？」でお話しします。

それらはこの世からの近さによって大きく3つの層に分かれます。この世に近い方から**低層界**、**中層界**、**高層界**と呼ぶことにします。

層の厚さで言うと、低層界と高層界は薄く、それぞれ全体の2割程度で、中層界は6割ほどあります。

低層界の手前にこの世とあの世の境となる層があります。それをここでは**境界領**

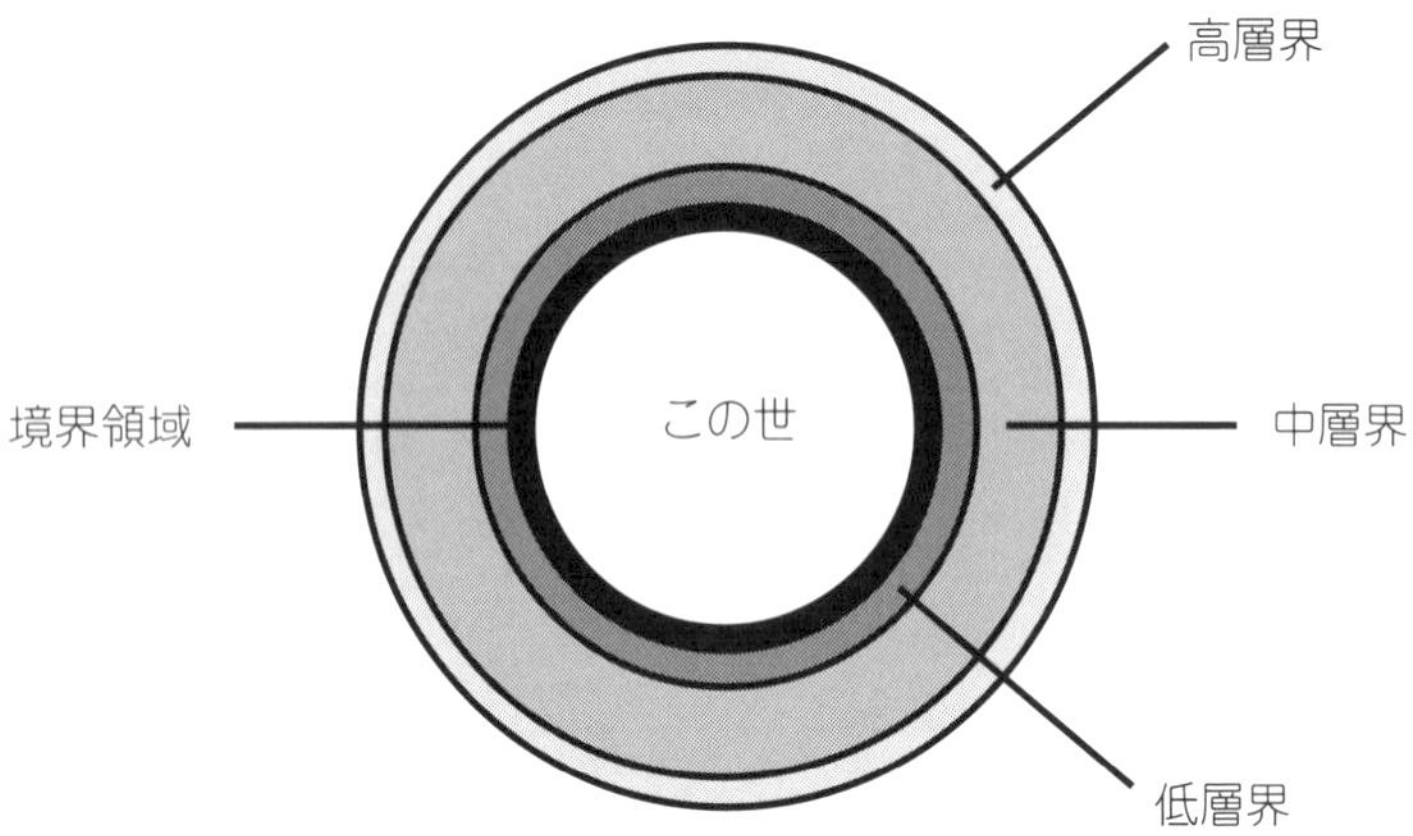

域と呼びます。

前問の回答の中で、死後の意識について、これまでのようにはしっかりとクリアに考えられなくなる人もいるとお話ししました。

高層界、中層界、低層界の違いは、どれだけしっかりとクリアに考えられるかの違いだと言うこともできると思います（高い層ほどしっかりとクリアに考えられる）。これはあくまでも私の個人的な印象ですが。

次にそれぞれの領域についてお話しします。

Q3 境界領域（この世とあの世の境）とは？

ここはこの世とあの世の境界です。仏教で言うところの三途の川のある領域です。川のこちらの岸部（此岸）と向こうの岸部（彼岸）の両方を含みます。

実際、多くの人がここで川を知覚します。仏教的な背景のないアメリカ人の中にも川を見る人は多数います。

ただ、川と言ってもどういう川かは個人差が大きいようです。向こう岸の見えないくらいの大河を見た人もいれば、ひょいと飛び越せるぐらいの小川を見た人もいます。上空から見たら何本も川があったと言う人もいます。

この領域は全般的に霧で覆われていることが多く、その霧が晴れると、いろいろ見えるようです。

岸辺にお花畑や草原を見たとか、高台に展望台があって、そこから緑豊かな山や渓谷といった大自然を見たという人もいます。大きな建物を見たという人もいます。

以下、この境界領域でよく見られるものを列挙します。

◆向こうの世界へ渡るための通路（川にかかる橋、道、エスカレーター、エレベーター）。
◆向こうの世界への移動手段（列車、バス、飛行機、船などの乗り物）。
◆そういう乗り物の乗車場（駅、バスターミナル、空港、波止場）
◆乗り場に隣接するショッピングモール
◆建築物（カフェ、マンション、ビル、スタジアム）

この世ではないのに、この世のような建物や乗り物、川や森があります。どうしてそういうものがあるのかと不思議に思われるかもしれません。

これらは人間が向こうの世界へすんなりと入って行けるように、人間のために用意されているのです。誰が用意したのかというと、私たち自身と向こうの世界のヘルパーと呼ばれる存在たちです。ヘルパーは肉体をもたない、つまり非物質の生命体です。

この領域にはさまざまな建物があります。その中で空港のロビーのような大きなホールに店がいくつも並ぶところがあります。まるでショッピングモールのようなところです。ここには大勢の人がいて、あの世へ渡る前にこの世のお土産を買ってるようなのです。川のたもとには**ブリッジ・カフェ**とモンロー研究所で呼ぶカフェがあります。ここの様子は次のような感じです。

中にはテーブルがいくつも並んでいて、多くの客でごったがえしています。左手にはカウンターがあり、右手の先は明るくなっていて、大きな窓をとおして明るい陽射しが差し込んでいます。窓の外にはテラスがあり、そこにもテーブルが並んでいます。あちこちに植え込みがあり、緑豊かな印象です。テラスは階段状に何段かあるようで、その先には川が見えます。川面がきらきらと光り輝いています。

ブリッジ・カフェをはじめ、**境界領域にいる大勢の人は、主に死んで向こうの世界に行く途中の人ですが、中には、死んで一度向こうの世界に行った人で、ここまでやって来る人もいます。**残した家族や親しい人たちと会うためです。家族や親しい人たちはここまで夢の中で来られるので、会うことができるのです。

彼らは残した人たちに伝えたいことがたくさんあります。中でも一番伝えたいのは、向こうの世界で幸せにしているから安心してほしい、ということでしょう。

ただ、せっかく会えても、残された人のほとんどはそのことを目が覚めると忘れてしまいます。断片的にでも覚えている人は少数派です。

Q4 低層界（囚われの世界）とは？

ここは、さらに次の二つの層に分かれます。

①この世のすぐ近くにある層
②この世から少しだけ離れたところにある層

①はこの世と重なっているというふうに言えるかもしれません。非物質の体のまま この世にい続けている状態です。
②は①に比べるとこの世から少し離れています。

《この世のすぐ近くにある層》

まず、①にいる人の例をいくつか紹介します。

◆樹海の中で道に迷い、出口を求めて黙々と歩き続ける男。死んだのに、そのことに気づいていない。ときどき立ち止まりあたりを見回し、また歩き始める。霧の中を歩きながら、ずっと同じことを繰り返している。

◆生前に住んでいた家にそのまま住み続ける女性。何やらぶつぶつ独り言を言っている。「なんだか最近変だわ。物がうまくつかめない。手が素通りしてしまう。それにだれも私に気づかないし、一体どうしたの」女性は必死に湯呑をつかもうとしているが、彼女の手は湯呑を素通りしてしまう。

◆トンネル内の道の脇の黄色いライトの下にボーっと立っている男性。何年も前に車の事故で死んだのに、何が起こったのかわからず、混乱して、その場にいつまでもいる。今までと何かが違うことはわかるが、何がどう違うのか理解できていない。

◆死んだら墓の下で眠ると聞いていたので、実際に死んだ後、墓の下で寝ている人。

◆病院で死んだ後、死んだことに気づかず、病院内を徘徊し続ける人。親しくしていた看護師に話しかけるが、反応がないのでイライラしている。看護師の背中に乗ることもある。
◆海でおぼれ死んだのに、そのことに気づかず、波に翻弄され続ける人。
◆自殺して死んだはずなのにまだ生きていると思って、何度も自殺を繰り返す人。

何が起こったのかうまく把握できず、混乱している人も多いようです。意識がもうろうとしている人も見られます。

彼らに共通するのは、現実の家や部屋、事故現場にそのままいるということです。その場に囚われているというふうに言うこともできます。

地縛霊という言い方がありますが、彼らは場所、土地に縛られていると言う意味で、地縛霊です。

そういう人がまれに生きている人に見られることがあります。それが幽霊です。

①と同じ領域には、こういう人たちとは少し異なる状況の人もいます。同じ場所に縛られているのではなく、物質世界内を自由に動き回れるのです。彼らは自分が死んだことはわかっています。彼らは**浮遊霊**と呼ばれることもあります。

こういう人たちの中には生きている人にいたずらをする者もいます。たとえば、幽霊の姿で人を怖がらせたり、寝ている人の上に乗っかったり、羽交い絞めにしたりします。あるいは、性的に誘惑しようとします。

彼らは一見自由そうですが、この①の領域から出られないという意味で、囚われています。浮遊霊は少数派で、ほとんどの人は特定の場所や状況に囚われていて、そこから出られません。

《この世から少しだけ離れたところにある層》

次に、②にいる人の例を紹介しましょう。

ここにいる人たちは現実の世界のある特定の場所に囚われているのではなく、**その人の思いの生み出した世界に囚われています**。

あの世には**「思いが形をとって現れる」という原理があります**。このため、思っていることが形になって一つの世界を生み出します。いくつか例をあげましょう。

◆病院の一室でベッドに男性が横になっている。何本もチューブが装置から体に伸びている。その人は病院で死んだことに気づいていない。部屋やベッドは何となく薄ぼんやりとしていて、向こうが透けて見える。部屋もゆがんでいる。みなその人の想像が生み出したものだ。

◆炭鉱の爆発で死んだ人。岩の下敷きになったまま動けない。必死に動こうとするが、岩が重すぎて動けない。現実の岩はとっくに取り除かれているのに、それに気づいていない。自分の思いが岩を作り出している。

◆雪山で雪崩に巻き込まれて死んだ人。雪崩を何とか切り抜けて生き延びたと思い込んでいる。帰り道を探して歩いているが、見つからない。雪山の斜面を霧の中、ひとり黙々と歩いている。雪山は自分の思いが作り出したもの。

◆船が沈没して死んだ人。沈没した船はもうないのに、船の中に閉じ込められて出られないという思いが船を生み出して、その中に囚われている。

◆アトリエで絵を描き続ける画家。思い通りの絵が描けないので、描いては破り、描いては破りを繰り返している。このアトリエも画家の思いが作ったもの。

◆台所で料理を作り続ける女性。台所は現実のものではない。

◆自分の部屋で食べては寝て、起きては食べるということを繰り返す太った女性。

◆自分の部屋にこもり、愚痴を言いながらひとりで酒を飲み続けている人。

低層界にいる人たちは、①にいる人も②にいる人も囚われているという点では同じです。また、しっかりと考えることができていないという点も同じです。ボーっとしているか、考えが堂々巡りしているか、何らかの感情におぼれているか、何も考えずに同じことを繰り返しているか、いずれにせよ、明晰に考えることができれば、この状況から脱出できるのではないかと思えます。

Q5 中層界（信念体系領域）とは？

この領域は**信念体系領域**と呼ばれます。**ここには信念や価値観を共有する人たちが集まって作る世界が無数にあります。あの世では「同じような思いを持った人たちは互いに引き寄せ合う」という原理があります。「類は友を呼ぶ原理」とも言います。**

この世でも同じ原理が働いていますが、あの世ではこの世以上に強く作用します。その結果、同じ信念、価値観、宗教観、嗜好、趣味、欲望を持った人たちが引き寄せ合い、集まってひとつの世界を形作ります。

その集団の大きさは数人規模のものから数万人規模のものまであります。

いくつか例を紹介しましょう。

◆キリスト教の特定の宗派の人たちが集まった世界。

生きていたときに、ひとつの教会に通っていた人たちが死んでからも、あの世に同じ教会を作って、そこに通っている。

自分たちが死んだことはわかっている。生きていたときの信仰心と習慣から、ここに引き寄せられてくる。そして、この世でやっていたのと同じ儀式をしている。

レンガ造りの家が立ち並ぶヨーロッパの街の中央に石造りの大きな教会がある。中は天井の高いホールになっていて、横に長い椅子が何列も並んでいる。正面の中央には巨大な祭壇があり、金色が主体のデコレーションがなされている。金色のいでたちの祭司が中央に立ち、その前に大勢の人が列をなして何かの儀式を行なっている。

みんなはここを天国だとは思っていない。聖書に書かれている天国とはずいぶん違う世界だから。天国のすぐそばにあるところで、儀式をやっていたらそのうち天国に行けるとでも思っているらしい。

◆生きているときに座禅をすることで悟りを得ようとしていた人たちの集まり。

死んだ後も同じことをしている。大きな樹の根元のまわりに人が並んで座禅のポーズで座っている。みな黄色の袈裟を着て、坊主頭。そこに座ったまましじっと動かない。いつまでも座禅をしている。悟りはなかなか得られない。

◆戦い続ける武士の集団とその城下町。

鎧兜を身にまとった武士の集団が草原で戦っている。馬に乗った武将も見える。彼らはいつまでも戦っているように見える。

ところが、次の瞬間、戦いは終わったのか、軍団は引き上げていく。ひとつの軍団の向かう先には大きな城が見えてきた。その下には城下町が広がり、多くの人が忙しげに歩いている。

城の中に入ると、大広間と廊下が見える。赤い矢羽根文様の着物を着た女中が何名も早足で歩いている。大広間に先ほどの武士たちがどやどやと入ってきた。そのままそこに座り、何やら大声で話している。

◆食欲旺盛な僧侶たち。

豪華な食べ物が所狭しと並んだテーブルにラマ僧のような服装の人が何名か座って、片端からその食べ物を食べている。ところが、食べ物は口元からぽろぽろと落ちてしまい、うまく食べられない。それでも次々に食べ物をつかんでは口へ持っていく。

仏教で言うところの餓鬼《がき》界のような世界。

◆性的に求め合ってうごめいている人たちが何万と集まっている世界。

彼らは必死に求め合いながらも、けっして満足が得られない。

◆受験生の集団。

図書館の一室でさまざまな学生服を着た人たちが机に向かって一心不乱に勉強している。生きていたときに必死に受験勉強していて、死んだ後もそのまま受験勉強を続けている。

◆生け花を習う集団

生け花教室なのか、明るい室内で十名ほどの女性たちが楽しげに花を生けている。みなおしゃべりに興じている。

◆議論好きの人たち

男の人がふたり向き合って何やら激しく議論している。しばらくすると、一方が議論に負けたのか、がっくり肩を落とした。すると次の瞬間、負けた方は目の前から消え去った。ところがしばらくすると、また目の前に現れて、ふたりはまた議論を始める。永遠にこれを繰り返している。

信念体系領域の中には、そこにいる人たちが一見楽しそうに見えるところもあります。生け花を習う集団はそういった例です。何かの趣味に興じている人たちが集まっているところもそうです。

ただ、同じことを繰り返しているので、自由度はまったくありません。

この中層界（信念体系領域）に共通する点は、ひとつの狭い考え方の中に囚われていて、自由な思考ができていないということです。

しっかりとクリアに自分で考えることができるようになれば、ここからは出られるように思えます。

Q6 高層界（光あふれる世界）とは？

ここは光と喜び、優しい癒しのエネルギーに満ちあふれた世界で、開放感と爽快感にあふれた、自由な世界です。

低層界や中層界との違いは、ここには無限の自由度があるという点でしょう。すばらしい世界ですが、残念ながら人はここに長居はできません。ここは次の生に移行する準備を行なうための場です。**中継点**と言っていいでしょう。ただ、移行する前にしばしの休息と癒しの時間をとることができます。

長居ができないという点で、ここは宗教が言うところの天国や極楽、浄土とは違います。

《活動拠点》

光あふれる世界にいる間に、自分の家や場所をもつ人が多いようです。そこを拠点として、次の生の準備をしたり、亡くなった知人たちを尋ねたりします。

生前の家をそのまま作る人もいれば、理想としていた家をそのまわりの環境も含めて作る人もいます。たとえば、南洋の浜辺と水上コテージとか、田舎風の家と菜園とか、スキー場に隣接する別荘とか。

どうやって作るかというとイマジネーション（想像力）を使います。あの世では思い描いたものがそのまま形をとります。

次の生としては、いくつもの可能性があります。主なものとしては、

①再び人間を生きる。

②光あふれる世界でヘルパーとして働く（ここにはさまざまな施設があり、そこでお手伝いをすることができます）。

③地球以外の生命系に行き、そこでの生命を経験する（生命が存在するのは地球だけではありません。数多くの天体に生命が生きています。知的な生命も多数います）。

④トータルセルフ（大きな自分）とのつながりを回復し、そこへ帰還する（自分

の役割、使命が達成されたと思えば、より大きな自分へ戻ります）。

人間界に戻るのは選択肢のひとつにすぎませんが、多くの人がこれを選ぶようです。

光あふれる世界には次の生への移行の準備をするための施設がいくつもあります。それらは人の流れという視点で見ると、次のように分けられます。

①受け入れの場
②癒しと再生の場
③教育の場
④計画の場

それぞれについて次にお話ししましょう。

《受け入れの場》

「光あふれる世界」に来る人が最初に到着するところが、「**受け入れの場**」です。彼らはそこで温かく迎え入れられます。

人は死んでまっすぐに高層界（光あふれる世界）へ来る場合と、低層界や中層界に立ち寄ってから来る場合とがあります。いずれにせよ、ここに着いた段階で、かなり不安な気持ちを抱いています。

そういう不安を払しょくするために、先に亡くなった祖父母や両親、家族、知人が出迎えにきます。

さらに、ここには実に多くの場所があり、死んだ人の期待や状況に合うところへ着くようになっています。

たとえば美しい公園や花の咲き乱れる草原、ホテルのロビーや温泉旅館の玄関、あるいは、金ぴかの御殿の玄関、天国の入り口のような建物という具合です。

死んだ人が何らかの乗り物に乗ってここまで来る場合もあります。その場合には、それに対応した受け入れの場が用意されています。たとえば駅のホーム、バスターミナル、タクシーの乗降所、空港など。

亡くなった人は「受け入れの場」に着いた後、出迎えの人たちとしばらくいっしょにいて、ここがどういうところなのかについて説明を受けます。ここは天国でもなければ、地獄でもないこと、次の生へ移るための準備をするところだということを教わります。

《癒しと再生の場》

亡くなった人は次に「**癒しと再生の場**」と呼ばれるところへ行きます。

人は死ぬ過程で何らかの形で肉体的なダメージを受けている場合がほとんどです。死ねば肉体はなくなるのですが、肉体がダメージを受けたという思いがあるため、あの世の体もそれを反映してダメージを受けた形になる傾向があります。

それを本来の姿に戻すためにあるのが「癒しと再生の場」です。基本的には、その人の思いを変えることで本来の姿に戻します。そのためには本人が納得するやり方でやる必要があります。

本人がそれなりの治療を受ける必要があると思い込んでいる場合が多いので、病院などの施設で手術を受けたり、リハビリをしたりといった過程を経て、ゆっくりと治します。

そのために近代的な総合病院やリハビリ施設、マッサージ施設、温泉、各種のヒーリング施設などがあります。そういう施設には医師や看護師にふんしたヘルパーたちが大勢働いています。

《教育の場》

亡くなった人が次に行くのは「**教育の場**」です。ここではいろいろなことについて教育を受けることができます。

たとえば、自分が好ましくない思考・行動パターンをとる場合、それを直すために模擬体験を繰り返し行なうことができる場があります。

次の生で役に立つような技能を身に付けたり、各種スポーツの能力を向上させたりできます。

ここには巨大な資料館があり、これまでに生きたすべての人の人生記録が保管されています。ここで自分のこれまでのすべての生について知ることができます。

《計画の場》

次に行くのは、「**計画の場**」です。ここで、いよいよ次の生について計画を立てる段階に来ます。ここではガイドや何人かのヘルパーたちと相談しながら計画を作ります。

ここでガイドとは自分のことを導く生命存在です。各自に数名ずつついています。ガイドについて詳しくは、後の質問でお答えします。

前にお話ししたように、次の生として人間として生きるというのは選択肢のひとつに過ぎないのですが、多くの人はそれを選択するようです。人間として生きることがそれだけ魅力的だということのようです。

人間になる場合、次の人生の計画を立てる作業の一環として、一つ前の人生やそれまでの過去世での経験や学びについて見てみます。そして、人としてさらに学びを深めるには何が必要かを見極めます。

それに基づいて次の人生を計画します。

まず、何を学ぶことを目的とするか決めます。たとえば、もっと愛情を自分から発することを学ぶことを目的にしようとか。

その目的を達成するのに適するように生まれる環境を選択します。

たとえば、どこの国で、いつの時代に、どういう親の元に生まれるかを決めます。また、性別を決めます。

さらに、何を達成したいのか、学びたいのかに合わせて、身体的な条件（成長後の体格、容姿、健康状態、健常者か障害者か）とさまざまな能力などを設定します。特定のことを学ぶために、あえて障害を持って生まれることを選択する場合もあります。

その次に、その人生における重要な出来事や出会いについて設定します。たとえば、14歳のときに大病を患うとか。将来結婚するかもしれない人との出会いや会社を共に興すことになるかもしれない人との出会いなど。

ただし、出来事や出会いは設定しますが、それに対して自分がどう対応するかまでは設定しません。それはそのときになって自分が選択します。

このように人生の節目になるようなことは設定しておきますが、実際にどう生きるかの大部分は未定で、実際に生きながら選択していきます。だからすべての運命が決まっているわけではありません。身体要素や能力などの条件設定も含め、人生は自分で選択し、作っているのです。

計画ができあがったら、次の生へ向けて移行してゆきます。人として生まれる場合は、その前に知覚を狭めてここでの記憶や前の人生の記憶にアクセスできないようにします。そして、しばらく待機した後、人として生まれるべく、母親となる女性の胎内へ移行してゆきます。

《その他の場》

「光あふれる世界」にはこれら以外にも多くの領域があります。たとえば、地球生命系へ初めてやって来た生命体を受け入れ、人間の生を体験できるように手配するところです。

「計画の場」の一部と考えてもいいです。

地球のうわさを聞きつけて興味を持って地球までやってきた生命体たちや、地球の観光ツアーでやってきた生命体たちの中には、ちょっとだけ体験してみたいというものもいます。

そういうものたちに人間の生を体験できるようにするのです。

一度だけ体験してみて、もういいやと思うものもいれば、やみつきになってしまうものもいます。後者の場合は、そのまま何回も人間をやることになります。私たちの多くがそういう形で地球での生命体験を始めて、今に至っているようです。ほとんどの人はそういうことを忘れてしまっていますが。

いかがでしたでしょうか。ここまであの世についてざっとお話ししました。ここからはさらに突っ込んだ質問に答えることで、あの世についてお話ししたいと思います。

Q7 天国や地獄はあるの？

宗教によって天国や地獄の意味は異なるので、ここでは一般論として、天国を「死後に行く理想の世界、安住の世界」、地獄を「死後に行く苦しみの世界」とします。

高層界の「光あふれる世界」は、人の思い描く理想に近い世界ですが、安住の地ではありません。ここには一時的にしかいられません。いずれは次の生へと移行してゆきます。

そういう意味で、**「光あふれる世界」は天国ではありません。あくまで中継点です。**

実は、「光あふれる世界」よりもさらに上にいくつも意識のレベルがあります。それらはいずれも愛情と喜び、生命エネルギーに満ちあふれています。私たちは地球での学びを終えると、いずれはそういう高いレベルへと上がります。帰還するというのが正確なところです。それらはいずれも天国と呼ぶにふさわしい世界です。

ただ、こういう世界も大きな視点から見ると中継点となります。そこに永住ということはありません。そこから新たな探索へとおもむいていきます。私たちの好奇心には終わりはないのです。

こういうレベルのはるか上にすべての源があります。ここはあらゆる宇宙の源であり、創造の源です。私たちの知覚レベルをはるかに超えたところです。


次に地獄ですが、**低層界や中層界の一部は地獄と呼ぶにふさわしいところです**。

低層界の一部には、死んだことに気づかないで、生前の苦しみの中にそのままいる人もいます。たとえば、病気の苦しみやけがの苦しみ、精神的な苦しみです。そういう苦しみに常にさいなまれているという点で地獄と言っていいでしょう。

中層界の一部にも、苦しみの絶えないところがあります。

たとえば、中層界の例として紹介した、食べ続ける僧侶たちの集まった世界。

彼らは食べ物を口に入れる端からこぼれ落ちてしまうので、食欲を満たすことができません。それなのに、まわりには豪勢な食べ物があふれるばかりにあるのです。

欲をかき立てられるのに満たせないという苦しみが続くことになります。

仏教ではこういう世界を餓鬼界といって地獄と区別してますが、苦しみの世界には違いありません。

中層界の例として挙げた、性的に求め合ってうごめいている人たちが何万と集まっている世界。彼らは必死に求め合いながらも、けっして満足が得られません。

ここは仏教で説かれるところの、衆合地獄の中にある刀葉林地獄を彷彿とさせます。源信の『往生要集』に述べられる刀葉林地獄を要約してみます。

邪淫の罪でここに堕ちた罪人がフト見上げると、大樹の上から裸女がなまめかしい声で呼びよせます。罪人が木を登り始めると葉が一斉に刃となって罪人を切り割きます。血だらけになりながらも、やっとの思いでたどり着くと、女はいつの間にか地面にいて「こちらですよ。早くいらして」と呼びます。哀れ罪人は登ったり下りたり無量数億年繰り返しても、愛欲の心は満たされることはないのです。

中層界の例として挙げた、戦い続ける武士のいる世界も仏教で言う修羅界と似ています。修羅界は地獄ではありませんが、苦しみの世界に違いありません。

このような地獄と言っていい世界は、低層界と中層界の中にいくつかあります。

Q8　死んだらお迎えが来るの？

はい。少し意外に聞こえるかもしれませんが、死んだらお迎えが来るというのは本当です。これは死んだすべての人に当てはまります。例外はありません。お迎えなんか来るわけがないと思っている人にも、ちゃんとお迎えが来ます。この事実は強調して強調しすぎることはないと思います。**死んだら必ずお迎えが来ます。**

先に亡くなった親や祖父、祖母が迎えに来るのが一般的です。あるいは、親しかった友達や仲間、会社の同僚、先輩、上司、恩師という場合もあります。何かの宗教を深く信じていた場合は、その神や信仰の対象、たとえばキリスト教徒ならキリスト、仏教徒なら仏、観音菩薩ということもあります。

ただ、多くの場合は、あの世のヘルパーやガイドがそういう姿をして現れるということのようです。もちろん本物の親や祖父や友人が迎えに来ることもあります。神や仏が現れる場合は100％ヘルパーたちがふんしていると考えていいでしょう。

お迎えの人たちに気がついて、その導きに従っていくと、「光あふれる世界」へ

連れていってくれます。亡くなった人が途中で信念体系領域のどこかの世界に興味をひかれて、そちらに引き寄せられていかないように、うまくシールドしてくれます。道中ずっと話しかけて会話の中に引き込んでおくとか、意識が散漫にならないようにします。ヘルパーたちはこの道のプロですので、この辺のことはよく心得ています。ですから、一度お迎えの人たちに気がつけば、後はすんなりと「光あふれる世界」へ導かれます。

ここで、すべての死んだ人にお迎えの人が来ているのなら、どうして全員が「光あふれる世界」に行かないのかと疑問に思われるかもしれません。

それは、みながみなお迎えに気がつくわけではないからなのです。これまでの経験から言うと、気がつく人は少数派ではないでしょうか。

でもお迎えに気がつきさえすれば、「光あふれる世界」へ行くことができます。途中の囚われの世界や信念体系領域に行かずにすみます。

なので、死ぬ前の今の段階で、「死んだら必ずお迎えが来る」という事実をしっかりと知っておくということは、とても大切だと言えます。

そう知ることで死の怖れを軽減することができるのではないでしょうか。

Q9 人は死んだら裁きを受けるの？

そういうことはありません。**閻魔大王や神様や何かの偉い存在が、あなたの生前の行ないを見て、裁くというようなことはありません。**ましてや死後に行く世界が、こういう審判の結果で決まるなどということもありません。

こう聞くと、悪いことをいくらしてもまったく罰せられないのか、と不思議に思われるかもしれません。それなら悪いことはいくらしてもいいのかということになりそうです。

それは違います。

裁くのかとか、罰するのかという質問は、何か偉い存在がいて、その存在が裁いたり、罰したりするということを前提にしています。

この前提が間違っているのです。そういう存在はいたとしても、裁かないし、罰しません。そういうことは彼らの管轄外なのです。なぜ管轄外なのかというと、もっと自動的な宇宙の原理が働いているからです。

それは「自分が発したものを自分が受け取る」という原理です。自分の行ないが、いずれ自分に形を変えて返ってくると意味です。ここでいう行ないには、体での行ないだけでなく言動や心で何を思うかということも含まれます。

この原理は自動的に働くもので、物理学の原理のようなものです。例外はありません。非常に公平な原理で、厳粛に守られています。

仏教には**因果応報**という教えがありますが、これも類似のものです。

因果応報とは、善いことをすれば善い結果（報い）を得、悪いことをすれば悪い結果（報い）を得る、自分の行ないが自分に結果をもたらすということです。ただ、因果応報という言葉には、罰を受けるという意味合いが含まれてしまっていますが、もともとはそうではなかったと思います。

「自分が発したものを自分が受け取る」という原理の目的は、自分が体験する内容を見て、自分の行ないの軌道修正をしていくことです。

たとえば、何か悪い体験をしたら、それはどこかで何か悪いことをしたに違いないと反省し、以後の行動を慎むのです。そういうふうに気づくための原理です。けっして人を罰するためのものではありません。

ただ、ここで注意すべき点は、体験をどう受け止めるかはそのときの自分次第だということです。

たとえば、事故に遭うという体験をしたとします。これは過去に何かネガティブな行ないをした結果が、自分にそういう形で返ってきたということです。

ここで、この事故に遭うという体験を悪い、いやな体験と受け取るか、そうではなく、もっとポジティブに受け取るかで、その先が大きく変わってきます。

ポジティブに受け取るとは、事故に遭うということは過去に何かネガティブなことをしたに違いないと気づき、気づかせてくれてありがとうと感謝する、そういう受け止め方を言います。

ネガティブに感じて反応してしまうと、この原理に従って、またネガティブな結果を導くことになります。逆にポジティブに感じれば、次はポジティブな結果を導くことになります。

この原理は現実世界で見えづらいところがあります。

その理由のひとつは、何かを行なってからその結果が自分に返ってくるまでに時差があるためです。すぐに結果が返ってくるわけではありません。場合によっては何十年も経ってからとか、さらに別の人生で返ってくることもあります。返ってこないわけではないのですが、時間がかかることがあるのです。

ふたつ目の理由は、行なったことと、受け取る結果とが同質のこともありますが、そうでなく異質のこともあるためです。

たとえば、人の物を盗んだら、人に物を盗まれたというのは同質でわかりやすいです。それに対して、人の物を盗んだら、交通事故にあってけがをしたというのは異質です。異質のこともあるので、わかりづらくなります。

わかりづらくなってはいますが、だからといってこの原理が働いていないわけではありません。着実に働いています。

Q10 死後に行く世界は、生き方次第で変わるの？

前問の回答で、「自分が発したものを自分が受け取る」という原理があるということをお話ししました。この原理があるから、死後どの世界に行くかは、生きていたときの生き方で変わるだろうと思われるかもしれません。

ところが、単純にそうとも言えないところがあるのです。

それは、生きているときもこの原理がストレートに働いているようには見えないのと同じです。

たとえば、大悪人が何不自由ない生活をしていて、かたやまじめに働いている人が貧困にあえいでいることもあります。

この原理が正しいなら、大悪人はもっと苦しみの多い生活をしていていいはずだし、まじめに働いている人はもっと豊かな生活をしていてもいいはずです。

ところが現実はそうではありません。こういうことが起こる理由は、この原理には時差があるからだと説明されます。つまり、すぐには効果が現れないのだと。

それと同じことが死んだ後にも、ある程度成り立つようです。

実際のところ、生前にどういう生き方をしてきたかというよりも、直接影響することがあります。

以下、影響する要素をあげます。

まず、本人が自分が死んだことに気がついているどうかでどの世界に行くか分かれます。

(1) 死んだということに気がついていない場合

低層界に行く可能性が大きくなります。つまり、事故現場や病院内、住んでいた家などにい続けたり、山の中をさ迷い歩いたり、あるいは、自分の思いの中にどっぷりと沈んでしまうことが多いようです。

(2) 自分が死んだことがわかっている場合

この場合は、死んだらお迎えが来るということを知っているかどうかで分かれます。実は、全員にお迎えが来るのですが、多くの人はそれに気がつきません。

その理由は、ひとつは、自分とお迎えの人たちの周波数が少し異なるということがあります。周波数については後でまた詳しくお話しします。死んだ人はまだ物質界に近い周波数を持っています。それに対して、お迎えの人たちはもう少し高い周波数を持っています。そのため、意図して探さないと見つかりにくいのです。

ふたつ目の理由は、このことと関連しますが、お迎えが来るという可能性を知らない、あるいは否定しているということがあります。知らなければ、意図して探さないので、見つけられないのです。

(2─A) お迎えが来ることを知っている場合

そういう可能性に対して心を開いているので、お迎えが来たことに気がつきます。最初気がつかなくても、探すので見つけることができます。そして、お迎えに導かれて高層界へ進みます。

(2─B) お迎えが来ることを知らない場合

この場合は、低層界、中層界、高層界のすべての可能性があります。

（2―B―1）ある思いや感情の中に囚われている場合

死ぬ段階で、ある思いや感情の中に囚われ、その中に沈んでいると、その思いの生み出す世界にそのまま入ってしまいます。つまり、低層界の②に行きます。

（2―B―2）そういう特定の囚われがない場合

この場合は、死後しばらくは冷静に考えられるのですが、次第にしっかりと考えられなくなってきます。つまり、理性的な判断や論理的な思考ができなくなります。

そうすると自分の中で一番強く信じていることや習慣としてやってきたこと、趣味のような大好きなこと、あるいは押さえていた欲望が前面に出てきて、中層界の信念体系領域のどこかに引き寄せられていく可能性があります。

この場合に限れば、生前どういう生き方をしたのかが死後行く世界に影響してくると言ってもいいでしょう。

（2―B―3）お迎えに気づく場合

お迎えが来ることを生前に知らなかった人でも、まれにお迎えが来たことに気がつく場合があります。その場合は、その導きに従い高層界へ行きます。あの世のヘルパーたちは死んだ人に気づいてもらえるよう一生懸命がんばっているので、気づくこともあるのです。

あるいは、自力で高層界まで上がっていく人も中にはいます。

以上、いろいろなケースに分けてお話ししましたが、実際のところ、ほとんどの人はお迎えが来ることを知らないので、（2―B）が多いということになります。その中でも特に（2―B―2）が多いと考えられるので、生前どういう生き方をしたのかが死後行く世界に影響する人が多いと言ってもいいかもしれません。

Q11 自殺した人は死後どこへ行くの？

自殺した人は死後に罰を受けるとか、地獄へ行くという一般的な考え方がありま す。実際どうなのでしょうか。

前問に対する回答でお話ししましたが、あの世においても「自分が発したものを自分が受け取る」という原理がすぐに力を発することはありません。そのため、自殺者はみな地獄へ行くということはありません。

これまでの私たちの数多くの体験から言うと、自殺した人は一つの決まった世界へ行くわけではありません。低層界に行く場合もあるし、中層界に行く場合も、高層界の「光あふれる世界」へ行く場合もあります。つまり、すべての可能性があるのです。

ただ、普通の人と比較すると、低層界に行く人の割合は高いようです。

前問の回答でお話しした分類に従うと、自殺した人はほとんどの場合、自分が死んだことに気づいています。例外的に死んだことに気づかないで、死んでないと思って自殺を繰り返す人もいます。

たとえば、崖から飛び降り自殺をした人が、死んだはずなのに、まだ生きているように思えるので、おかしいなと思って、何度も飛び降り自殺を繰り返すという例です。この人は低層界にいます。

こういう例外を除くと、ほとんどの人は（2）自分が死んだことがわかっている場合にあたります。

ここからは、お迎えが来ることを知っているか知らないかで分かれます。

（2―A）お迎えが来ることを知っている場合は、前問でお話ししたように、高層界へ向かいます。自殺した人にはお迎えが来ないということはありません。全員に来ます。それまでの苦しみから解放されたことで意識が広がり、普通の人が死ぬ場合よりもお迎えに気がつきやすいということもあるようです。

（2―B）お迎えが来ることを知らない場合は、すべての可能性があるのですが、自殺者の場合は、（2―B―1）ある思いや感情の中に囚われている人が多いようです。

自殺するからには生前、相当の苦しみの中にいたはずですが、死後もそのまま生前の思いを引きずっているのです。自殺したからと言って、苦しみから解放されるわけではないのです。そういう人たちは低層界にいます。

いくつかの例を紹介します。

◆駅のホームの線路の脇には人が緊急避難するスペースがありますが、ある女性は電車へ飛び込み自殺をした後、そこにじっとしていました。薄っぺらくなっていて、本当に影が薄く、ほとんど存在感がなくなっていました。自らの存在を否定して、姿を消してしまいたいと願って自殺したようなのです。願い通りになっていました。

◆借金苦から自殺した人で、死後も借金取りから逃げ回っている人もいます。そのため、人の来ないようなところにいつまでも隠れているのです。

◆何らかの深い罪の意識から自殺した人の場合、その苦しい思いを持ったまま、暗いところに一人ぽつねんといつまでもいる場合があります。苦しみから解放されるわけではありません。

以上の例は生前の思いをそのまま保ち続けている場合で、低層界にいます。それに対して、死ぬことで生前の苦しみから解放される人もいます。そういう場合は、生前の苦しみから自由になった結果として、生前持っていた信念や考え方、趣味、欲望が前面に出てきて、中層界の信念体系領域へ引き寄せられていくようです。

このように自殺したからといって、ある特定の世界にみな行くということではありません。

ただ、これまで見てきた例から言うと、普通の人と比較して、生前の思いを引きずって低層界にいる人の割合は高いように見受けられます。

Q12 人の寿命は何で決まるの？

人はさまざまな年齢で死にます。若く死ぬ人もいれば、高齢で死ぬ人もいます。その差は何なのでしょうか？　寿命は何で決まるのでしょうか？

ここではひとつの仮説を紹介することにします。これはまだ仮説の段階で、さらなる調査と考察が必要です。

《寿命についての仮説》

人の寿命は次のふたつの寿命の短い方になります。

（A）生まれる前に「光あふれる世界」で設定する寿命。幼少で死ぬとか何歳で死ぬと設定する場合があります。

（B）「自分が発したものを自分が受け取る」という宇宙の原理によって決まる寿命。これは生きている間にどういう生き方をするかで変わります。

たとえば、生まれる前には天寿を全うし90歳ほどで死ぬと設定していたのに、自分のさまざまな行ないの結果として50歳で死ぬということがあります。つまり、（B）の方の寿命が50歳だったということです。

以下、（B）についてもう少し詳しく説明しましょう。

宇宙には「自分が発したものを自分が受け取る」という原理があるということはお話ししました。自分が発したものを受け取るまでには時差があるということもお話ししています。

この原理から言うと、自分の死というのは、自分が以前に発した何かを受け取った結果ということになります。

人によって寿命が違うというのは、受け取るタイミングが人によって異なるということです。

それでは、受け取るタイミングは何が決めているのでしょうか？

仏教に**「因縁和合して結果が生じる」**という言葉があります。

ここで**因**とは原因のことで、自分の行ないのことです。

縁はちょっと難しいので飛ばして、**結果**とは自分の身に起こる出来事です。

そこで、**縁**ですが、日本語では良く使う言葉です。「これも何かのご縁です」とか、「あの人とはどういう縁ですか?」とか。

仏教で使われる場合の意味は、結果を生じさせる直接的な原因が因で、間接的な原因を縁と呼びます。

たとえば、あなたがタバコをポイ捨てしたら、落ちたところが枯れ野でちょうど北風が吹いていたため、火があっという間に燃え広がってしまった、という場合を考えてみましょう。

この場合、因は何かというと、タバコのポイ捨てというあなたの行為です。そして、結果は火事です。

縁は、枯れ野と北風です。

タバコをポイ捨てしても、そこが川だったら火事にはなりません。

つまり、因だけでは結果は出ません。縁が必要なのです。因と縁が合わさって初めて、結果が出るのです。これを因縁和合すると言います。

それでは、そこが枯れ野だったのは偶然でしょうか？

宇宙に偶然ということはありません。そういう縁を引き寄せる原因があなたにあるのです。

つまり、直接の原因であるタバコのポイ捨てはあなたの行為であり、枯れ野と北風という縁もあなたが引き寄せていて、両者が出会った結果、火事になったのです。


自分の死というのは、自分が以前に発した何かが原因となってもたらされた結果です。つまり、過去の自分の何らかの行為が原因となっています。

それは、過去（過去世も含む）に人を傷つけた、殺した、憎んだということの場合もあります。これは実際にそういう行為をしたのではなくとも、心の中でそういうことを思っていれば、等価だと言われます。

あるいは、潜在意識で死にたいと思っているという場合もそれが原因となりえます。

そういう原因は縁が来るのを待っています。

次に、縁は何でしょうか？

交通事故で死ぬ場合、縁は事故です。病気で死ぬ場合は、縁は病気です。病気で死ぬ場合、病気が原因だと普通は思いますが、それはあくまで縁なのです。原因は先ほどお話ししたことです。

こういう縁は実は自分で引き寄せています。死の原因となっていることがら自体が縁を引き寄せる原因にもなっています。

引き寄せの原因となることがらのエネルギーが強ければ強いほど、死の縁を力強く引き寄せます。その結果、早死にすることになります。

ということで、（B）の寿命は、死の原因となる自分の行ないがどれだけエネルギー的に強いかで決まります。たとえば、死の原因が心の中で人を殺したという場合、どれだけ激しくそう思ったかがで（B）の寿命が決まります。

生まれる前に設定した寿命（A）と、「自分が発したものを自分が受け取る」という宇宙の原理によって決まる寿命（B）の短い方で、今生の寿命が決まると考えられます。

以上が仮説です。これに対して、人の寿命は戦後ずっと伸びてきていることと、国によって寿命がずいぶん違うことは、この仮説でうまく説明できるのかという質問が出てくると思います。

これは死の縁の量（多いか少ないか）について考えればわかります。同じ原因を持っていても、死の縁が多い時代や国と、少ない時代や国では、死という結果の出やすさが異なります。死の縁がまったくない時代や国があれば、死なないということになります。

私たちが死ぬ縁は病気、事故、災害、犯罪、戦争などです。そのうち病気は医学の発達や医療の普及で、先進国では戦後、急激に減少しています。戦争も先進国ではほとんど起こっていません。その結果、死の縁のうち病気と戦争は先進国で激減しています。

先進国以外の国ではいまだにこういう縁は多いでしょう。

このように、死の縁の量を考えれば、質問はうまく答えられると思います。

Q13 幼くして死ぬ子供は何のために生まれてきたの？

幼くして死ぬにはいくつかの理由があります。

(1) 親に気づきをもたらすため

おそらく理由として一番多いのは、これではないでしょうか。自分が死ぬことで親に何かとても大切なことに気づかせるきっかけとなりたいという理由です。

子供たちは生まれる前からそういうことを計画して生まれてきています。

彼らは両親と深い縁があり、これまでの何度かの生で恩を受けたので、今度はそれに報いたいと思っているのです。

子供を若くに亡くすことは親にとって、この上ない苦しみになります。自責の念にかられたり、喪失感にさいなまれたり、大変な時間を過ごすことになります。心の傷は一生癒えないかもしれません。

ただ、子供の死がなければ考えなかった死について、真剣に考える機会を与えてくれます。

仏教に次の話が伝わっています。

幼い男の子を亡くしたキサ・ゴータミーという女性は、子供が死んだことが信じられず、遺体をかかえたまま町に出て、子供の病を治す者はいないかと尋ね歩きました。

ある人がこれを見かねて、お釈迦様の元に行くように勧めました。

女性はすぐにお釈迦様の元へ行き、「この子の病を治してください」とたのみました。

お釈迦様は哀れな女性の様子をじっと見ていらっしゃいましたが、

「よろしい。この子の病を治すには芥子（けし）の実が5粒ほどいる。ただし、まだ一度も死者を出したことのない家からもらわないといけない」とおっしゃいました。

そう聞いて喜んだキサ・ゴータミーはさっそく町に出て、一軒ずつ尋ねてまわりました。ところが、どこの家に行っても死者を出してない家はありませんでした。

ここで女性は、死は避けられないということ、世の無常ということに初めて気づき、子供の死を受け入れることができました。そして、生死を超える道を説くお釈迦様の弟子になったとのことです。

このように子供を亡くしたことがきっかけとなって、死を真面目に考えるようになる人は多いのではないでしょうか。そこから何かの宗教に入る人もいるかもしれません。あるいは、スピリチュアル系の特定の教えに傾倒するようになる人もいるかもしれません。

死んだ子に会いたいという一心から、ヘミシンクに興味を持ち、私たちの開催するセミナーに参加するようになった人も何人もいます。

(2) 因果応報のため

前問でお答えした中にありましたが、自分の行ないが原因となり、縁を引き寄せ、因と縁があうときに死が訪れます。幼くして死ぬ場合も過去世での行ないが原因となりえますので、今生ではほとんど何もしていないのに、幼くして死ぬということがあります。

(3) ちょっとだけ人間を体験したかった生命体

聞いてがっかりするかもしれませんが、中にはこういう生命体もいます。長い人生を体験する気はないが、少しだけ体験してみたいと思い、人間として生まれてくるのです。

両親の合意は得ています。といっても、意識の深いレベルでの合意ですので、本人たちは覚えてはいません。

Q14 亡くなった人の魂がこの世に留まる日数は？

人によりさまざまです。

まず、肉体を離れる時期ですが、医師による死の宣告がなされるよりも半日も前の人もいます。そもそも死の宣告は肉体的な死を確認した段階でなされますが、肉体的な死と魂が肉体を離れる時期は厳密に一致しているわけではありません。

それでは、肉体から離れた後、どのくらいしてからあの世へ行くのでしょうか。それは人によって違うようです。すぐにまっすぐあの世へ行く人もいます。

家族や知り合いの様子を一度見に行って、それからあの世へ向かう人もいます。

知り合いの人が夢枕に立ったので心配していたら、ちょうどそのころ亡くなっていた、という話はしばしば聞きます。

玄関のドアが開いた音がして、人が入ってきた気配がしたので、見に行くと誰もいなかったが、そのころ家族が亡くなっていたことが後でわかった、という話も同様です。

このように死後に身内の様子を見に行き、その後あの世へ旅立つ人もいます。

この場合は、この世に留まるのは死後せいぜい1日程度でしょう。自分の葬式の様子を見てから行く人もいます。葬式会場の花輪のとなりに立っていたとか、上の方から様子をじっと見ていたという目撃談を耳にします。

そういう場合でもこの世に留まっているのは数日から1週間程度でしょう。それを越えてさらに長い間いる人はまれではないでしょうか。

49日というのはそれほど根拠のないことのように思えます。

非物質の体にとって自然な状態は、非物質世界、つまりあの世です。そのため、自然な流れとしてあの世へ向かいます。

もちろん低層界の中の「この世のすぐ近くにある層」に何年もいる人もいるわけですから、そこに留まり続けるのが不可能ではありません。

この世に留まるのは、この世への執着とか、意識がこの世にくぎ付けになっているとか、この世のことしか眼中にないとか、何か特別な理由が必要なようです。

Q15　あの世にはどのくらいの期間いるの？

人は死んだ後、低層界に行く人もいれば、中層界に行く人も、高層界に行く人もいます。行き先の違いが出る理由については、前の質問でお答えしました。

それでは、まず低層界や中層界にどのくらいの間いるのかというと、人により大きな違いがあります。

低層界に囚われている人の中には数百年、場合によっては数千年もそこに囚われている人もいます。たとえば、平安時代の人や古代エジプトのころの人が囚われていることもあります。

ここでの時間は、あくまでもこの世での時間で見ればという話です。あの世は時間があってないような世界ですので、本人の中ではもっと短い時間と感じられているかもしれません。

低層界にいる期間が数百年とか数千年という人は例外のようで、多くの場合はもっと前にそこを出て上の層へ向かいます。数年から数十年程度という例は良く見かけます。

実は、低層界にいる人のまわりにはあの世のヘルパーたちが何人か来ていて、その人を「光あふれる世界」へ連れ出そうとしています。

ヘルパーの存在に気がつけば、いっしょに「光あふれる世界」に行くことができます。

このように「光あふれる世界」へ連れていくことを救出活動、英語でレトリーバルと呼びます。救出活動は、低層界にいる人だけでなく、中層界にいる人たちも対象となります。

中層界の場合も本人の信念や思い込み、興味の強さによりますが、数年から数十年という例が一般的ですが、中には数百年、数千年という例も見かけます。

何かを信じていて、ある信念体系領域にいる場合、その信念に疑いの念が出てくると、そこから離れるようです。

また、何かに興味を持っていて、ある信念体系領域にいる場合は、その興味が薄れてきたり、飽きてきたりすると、そこを出るようです。そういう人たちをヘルパーは待ちかまえていて、高層界へと連れていきます。

高層界にどのくらいの期間いるのかというと、数年から数十年程度ではないでしょうか。

私はヘミシンクを使ってあの世を体験するセミナーをこれまで十数年にわたって開催してきています。その参加者の体験例を元にすると、「数十年前に亡くなった祖父母や親に高層界で会った」という例は良く聞きます。それに比べて、「もう次の生へ行ってしまい、会えなかった」という例はずっと少数です。

ということで、高層界にいる期間として数年から数十年程度というのが私の感触です。

ただ、これもあくまでもこの世から見てということになります。あの世にいる人の感覚ではもっと短いのか長いのか定かではありません。

Q16 死後、あの世で会いたい人に会うことはできるの？

ふたりが死後に置かれている状況により異なります。

（A）ふたりとも光あふれる世界にいる場合

この場合は簡単に会うことができます。光あふれる世界にいる人は、その世界の中を自由に行き来できます。

（B）ひとりは光あふれる世界にいるが、もうひとりはそれ以外の世界にいる場合

この場合は、光あふれる世界ではない世界にいる方の状況によります。低層界にいてボーっとしているような場合や自分の思いの中に沈んでいるような場合は、近づいても気がつかない可能性があります。逆に、気がついた結果、いっしょに光あふれる世界へ行くことになる可能性もあります。

中層界の信念体系領域にいる場合、信念の強さによって違います。

信念が非常に強い場合は、会いに行っても出てこないか、あるいは一瞬しか会えず、すぐに集団の中へ戻ってしまう可能性があります。ちょうど、この世でも何かの宗教団体の人たちが集団で暮らしているところにその信者が一度入ると、なかなか会えなくなってしまうのと同じです。

信念がそれほど強くない場合は、会うことができ、会うことで、その集団から脱して、光あふれる世界へ行くことになる可能性があります。

(C) 共に中層界にいる場合

共に同じ信念の集団にいる場合は、すでに会っているはずです。
違う信念の集団にいる場合は、会うのは非常に難しいでしょう。

(D) ひとりが中層界に、もうひとりが低層界にいる場合

中層界も低層界も、そこからは出ることが難しいので、会うのは非常に難しいでしょう。

（E）共に低層界にいる場合

共にそれぞれの思いの生み出す世界にいる場合は、それぞれが完全に孤立していますので、会うのは非常に難しいでしょう。

共にこの世に近い領域にいてボーっとしている場合も同様です。

ひとりが思いの生み出す世界にいて、もうひとりがこの世に近い領域でボーっとしている場合も同様です。

共にこの世に近い領域にいながら、自由に動き回っている場合は、会う可能性がありま す。ただ、会ってもいっしょにそのまままさまよい続けることになります。

Q17 幽霊はいるの？

います。Q2でお答えしましたが、低層界の中でこの世に近い領域にいる人たちは、まれに生きている人から目撃されることがあります。それが幽霊です。

彼らの体は物質ではないので、普通は見えません。彼らの体を作るもの？の周波数が物質の周波数から少しずれているというふうに言ってもいいでしょう。

ただ、生きている人の中には意識の周波数を物質世界から少しずらすことができる人がいます。普通の人でもちょっとリラックスしたり、眠りに落ちる寸前の意識状態を維持できると、周波数が少しずれた状態にしばらくいることができます。そうすると、彼らを知覚できます。

幽霊は普段はだれにも気づかれないので、助けを求めてもだれも助けてくれないと思っていることが多いのです。そういうときに、知覚されると、知覚されたことがうれしくて、知覚した人にまとわりついてくることがあります。

彼らも生前はごく普通の人間だったわけですので、怖がったり、追い払ったり、粗末に扱わないほうがいいでしょう。できれば、救出するようにしてください。

幽霊は地縛霊と言われるように、一か所にいて、そこから離れないものがほとんどですが、中には自由に動き回っているものもいます。人を驚かして喜んでいるものもいます。また、寝ている人の上に乗ってきたり、後ろから羽交い絞めにしたりするものもいます。

幽霊がいるのがその場の雰囲気でわかる場合があります。ホテルで部屋に入った瞬間になぜか寒い、ぞっとする、ジトッとして暗い感じがする、重たいというような場合です。

良く行くホテルの一角に、何度行っても毎回冷たくて怖い感じのする場所がありました。あるとき、部屋でヘミシンクを聴いていて、意識がその一角に行って気がついたのですが、そこは幽霊の通り道なのです。次から次へと向こうの世界の人がそこを通り過ぎてどこかへ向かって行くのです。

屋外を歩いていて、あるところに来たら、日差しが明るいのに、なぜか身震いがするということもあります。そういう場も幽霊がいることがあります。

幽霊が人についている場合もあります。たとえば、いつも顔をゆがめていて、その人の本来の感情ではない感情に取り込まれているような印象を受ける場合です。あるいは、ある人が部屋に入ってきたら、急に部屋の雰囲気が重たくなったとか、眠気がするようになったというような場合です。

幽霊には足がないというふうに言われます。その理由は、実際、地面から浮いた状態でふわふわ浮遊していることが多いためのようです。

そのため大地にしっかりと根付いていないということが起こります。そういう状態で長い間過ごしていると、生命エネルギーが枯渇するという問題が生じます。ちなみに生きている私たちはみな大地にしっかりと根付いているので、大地から十分に生命エネルギーをもらっています。余談ですが、近年は大地とのつながりが薄れている人が増えていて、それはそれで問題になってきているようです。

幽霊になったばかりのころはまだ生命エネルギーがあるのですが、次第に生命エネルギーが枯渇してくるので、生気がなくなり、意識がもうろうとしてきます。

かなり枯渇してくると、エネルギー的に見えれば、そこにブラックホールがあるようなものです。まわりからエネルギーを吸い取るので、そばにいるとそこが冷たく感じられるのです。

Q18 祟りや霊障はあるの？

まず、**祟《たた》り**について。

祟りとは、大辞林によると、「神仏や霊がその意に反する人間の行為に対しても たらすとがめ・災禍」とあります。これについてもう少し詳しく見てみましょう。

まず、神仏とありますが、仏は人に災いや罰を与えることはしませんので、この定義から仏を除くべきでしょう。また高次の存在もそういうことはしませんので、外すべきです。ということで、残るのはレベルの低い存在となります。

次に、霊とは死んだ人の霊（死霊）または生霊のことですが、特に恨みを持ったまま死んだ人や今恨みを持っている人です（恨んでないと祟らないと思われるので）。言い換えると、怨霊です。

また、とがめ・災禍とは、祟られた人の死、病気、けが、不幸であり、祟りの及ぶ国や地域としては自然災害や天変地異のことです。

ということで、**祟りとは、「レベルの低い存在や怨霊がその意に反する人間の行**

為に対してもたらすとがめ・災禍であり、特定の人に対する場合はその人の死、病気、けが、不幸、国や地域の場合は自然災害、天変地異」となります。

これで祟りという言葉の意味が明確になりました。

次に、祟るということが可能なのかどうか、考えてみます。

まず、特定の人に死、病気、けが、不幸などという効果をもたらすことができるのかというところから考えます。

遠方の人に癒しのエネルギーを送る遠隔ヒーリングというのが一般的に行われていて、効果があります。いろいろなやり方がありますが、その人に元気になってもらいたいという思いが癒しの効果をもたらします。

ということは、**この逆の呪いのエネルギーを送ることも可能なわけです**。特定の人を呪うことで、その人の肉体へ悪影響を与えることが可能だということになります。人を病気にすることはできそうです。

特に対象の人が祟りの効果を信じていると、絶大な効果が表れるのではないでしょうか。平安時代のように多くの人がそういうことを信じていた時代には、特にそうだったと思われます。

それでは、その人の肉体ではなく、その人に悪いことが起こるようにできるのでしょうか。事故に遭うとか、事業が失敗するとか、会社を首になるとか。

それは可能かもしれません。ネガティブなエネルギーを送り、その人をネガティブなエネルギーで包み込むと、ネガティブな事象を引き寄せるようになるかもしれません。これについては想像の域を出ませんが。

ただそうすると、送った本人にもネガティブな効果が出るような気もします。

それでは、国や地域に災害を起こすことはできるのでしょうか。これもネガティブなエネルギーを送ることで引き寄せるようにすることは可能かもしれません。ただ、個人の場合と異なり、莫大なエネルギーを送らないといけないような気はします。

以上のように考えると、レベルの低い存在や怨霊が祟ることで、少なくとも特定の人に悪い効果を及ぼすことはできそうです。ただ、国や地域に対してできるかどうかは定かではありません。

次に**霊障**について。

霊障とは霊が人にとりつくことによる悪い影響のことです。そういうことは可能なのでしょうか。

まず幽霊は多くの場合、普通の生きている人とまったく変わりません。実際、生きていたときはごく普通の人だったのですから、人に害を与えることはまずありません。

ただ、中には人に良くない影響を与える幽霊がいます。いくつか例をあげましょう。

(1) 生命エネルギーが枯渇している存在

こういう幽霊は人の体に、特に首に巻きついてエネルギーを吸い取ろうとします。こういう者に巻きつかれると急速に具合が悪くなります。

私は何体かのそういう存在に一度にとりつかれたことがあります。そのときは息ができないような感じで、どんどんエネルギーを吸い取られていることがわかりました。

そこで、ヘミシンクを聴いて「光あふれる世界」へ行きました。すると、着くやいなや全員、私から離れて光のエネルギーのほうに去って行きました。「光あふれる世界」は文字どおり光にあふれているので、私に吸い付いている必要がなくなったのです。

(2) 真っ黒なネガティブな思いに囚われている存在

強いネガティブな思い(悲しみ、苦しみ、つらさ、愚痴)を持ったまま死に、死後もその強い思いを持ったままで、その思いに囚われてしまったような幽霊もいます。

そういう幽霊は同様の思いを持っている人に引き寄せられ、憑依することがあります。そうすると、ネガティブな思いにその人も取り込まれてしまう危険性があります。

私は以前そういう霊にとりつかれた人と何度か会ったことがあります。その人全体を真っ黒なエネルギーが覆っていて、人がいると言うよりは、何か得体のしれない真っ黒のものがそこにいるという感じでした。そのため道行く人がみな振り返って見るのです。何日か後にその人は自殺してしまいました。

（1）も（2）も多くの場合は、地縛霊です。たとえば、歓楽街の特定の店とか、経営者が自殺し廃墟となったホテルや病院とか。そういうところに行かない限り、向こうからやってくることはありません。もちろん、例外的にある程度自由に動き回る者もまれにいますが。

（3）生霊

人にとりついて悪影響を及ぼす存在の中には、亡くなった人ではなく、生きている人もいます。人の思いは、生きているとか死んでいるとかには関係しないようです。

特定の人に対する恨み、愚痴、不平不満を持っていると、知らず知らずのうちにその人のことを呪っていることがあります。その思いがその人にとりついて、その人に悪い影響を与えるのです。

（4）人を思いどおりに操りたいと思っている非常にパワフルでダークな存在

こういう存在は人に超能力を授けることができ、超能力を得たいと思っている人に近寄ります。超能力を得た人はその存在に依存するようになり、次第に思いどおりにコントロールされるようになります。

こういう存在は亡くなった人の場合もありますが、いわゆるダークサイドの宇宙人の場合もあります。

(5) キツネのような姿をした低級霊

これは人ではありません。非物質の生命体です。『奥様は「超霊媒」だった!』(コスモ21不思議文庫)によると、稲荷神社で祀られている神様(お稲荷さん)には、霊位の高いものから低いものまでさまざまいるそうです。中には人にとりつき、悪さをするものもいるとのことです。

ところで、世間一般では、水子霊や先祖の霊の祟りということを言う人がいますが、そういうことはまずないと思います。

Q19 霊を封印することはできるの?

はい、少なくとも歴史上、世界各地で封印はなされていたようです。

悪霊が封印されたことになっていますが、本当のところはわかりません。時の権力者にとって都合の悪い神や人の霊が封印されていることの方が多いように思います。

私も三輪山の頂上に封印されていた龍型の生命体（大物主神《おおものぬしのかみ》）や、弥彦山の頂上に封印されていた人（天香山命《あめのかぐやまのみこと》）、香取神宮の奥宮に封印されていた人たちを解放したことがあります。これについては、拙著『ベールを脱いだ日本古代史』や『伊勢神宮に秘められた謎』に書きました。

これらはみな時の為政者にとって邪魔な存在たちでした。別に悪霊ではありません。

古代エジプトで神官だった過去世で、石棺の中に封印されたことがあります。このときも敵対する勢力に殺されて封印されました。

日本や世界の各地に封印された者がいまだに大勢いると思われます。神社や聖地によっては封印のために作られたものもあります。

封印というのは、人や生命体が出られないような、あるいは出られないと信じ込むようなエネルギー的なバリアをそのまわりに作ることで達成します。

実際にどうやるかは、教えにより異なるでしょうが、基本はパワーのある（あるいは封印する側とされる側がパワーがあると信じる）言葉（呪文）や形を用います。そういうものを象徴する具体的な物も重要な役割を演じます。また、封印する側のイメージング力も重要です。

封印は、実は半分は封印される側が自らを縛る（自縛する）ということで成り立っています。封印される側がここから出られないと信じるので、実際出られないという結果になるのです。特に恐怖心をあおることで、パニックに陥れ、しっかりした判断ができなくなるようにすると、信じやすくなります。

振り込め詐欺でも、相手をパニックに陥れて、矢継ぎ早に話を展開させ、しっかりと判断する時間を与えないというのがうまくやるコツです。自分だけは振り込め詐欺に遭わないよと思っている人でも、案外ころりとかかってしまうのです。

こういう私もまんまとだまされかかったことがあります。お金を振り込む寸前に息子から電話がかかってきて、だまされていたことに気づきました。

従って、封印なんてとまったく信じていない人でも、不意を突かれると恐怖心からまっとうな判断ができなくなり、封印されてしまう可能性があるのです。

Q20 浮かばれない霊を成仏させるには?

まず、浮かばれない霊とは、この本での言い方では、「低層界のこの世に近い領域」にいる人を指します。地縛霊とも言いますが、いろいろな場所に囚われている人です。

次に、成仏させるとは、この本での言い方では、「光あふれる世界」へ連れていくことです。

ここで、仏教の本来の意味では、成仏とは仏になることです。仏とは悟りを開いた人のことなので、成仏するとは悟りを開くという意味です。

従ってこの質問は、この本来の意味で言うと、浮かばれない人を導いて悟りを開かせるという、大変なことを言ってることになります。これはとても無理です。

なので、ここでは、仏教本来の意味ではなく、一般的に使われている意味で、この質問を理解します。

ということで、質問を言い換えると、「低層界のこの世に近い領域」にいる人を、

「光あふれる世界」へ連れていくにはどうすればいいのか、となります。

つまり、救出するにはどうすればいいのか、ということです。

前にもお話ししましたが、ヘルパーたちが常に彼らのまわりにいて、救出しようとしています。ただ、ヘルパーには気づかない人がほとんどです。

こういう人たちを救出する上で、実は、私たち生きている人間が手助けすることができるのです。後でお話ししますが、ヘミシンクを聴くことであの世を訪問することが可能になります。

そして、囚われている人たちのところへ、ヘルパーたちといっしょに行くことができます。すると、囚われている人たちはヘルパーには気づかないのですが、なぜか私たちには気づくのです。

囚われている人はこの世の方に意識が向いているので、この世の要素を持っている私たちなら気がつきやすいようです。

一度気がつくと、まわりにいるヘルパーたちにも気づきます。そうすれば、後はヘルパーたちの手助けを得ながら、「光あふれる世界」へ連れていくことができます。

Q21 死の恐怖をなくすにはどうすればいいの?

私は死に対する恐怖が人一倍大きかったと思います。子どもころは夜眠れないこともありました。

それが今では死に対する恐怖をほとんどありません。

もちろん車が急に目の前に飛び出して来れば、とっさに逃げるとか、そういう無条件の反射的行動はとります。なので、動物的な本能から来る怖れはまだあるとは思います。

私の場合は、死という未知なるものが既知になったことが、死の恐怖がほとんどなくなったことの背景にあります。

以前家にペットのうさぎがいました。そのうさぎは何か大きな音がすると、びくっとして怖がるのです。それに対して、音の原因を知っている私はまったく怖くありません。つまり、知っているか知らないかが恐怖心を持つかどうかの大きな分かれ目になるのです。

知らないから怖い、知っているから怖くない、という単純なことです。

それでは、未知だった死が既知になったとは、具体的に何をどう知ったのかというと、人は死んだらどうなるのかを知ったということになります。

ここで「知った」とは、単に本を読んだり、人の話を聞いたりして知識として知ったことを指すのではありません。

実際に体験して知ったことを指します。つまり、実際にあの世に行ってきて、そこを見てきて、知ったということです。

知識で知っているのと、体験をとおして知っているのでは大きな差があります。

海で泳ぐのをテレビで見て、これが海で泳ぐということかと知るのと、実際に海に行き、海に入って泳いで知るのとの差です。

車の運転の仕方を本で学ぶのと、実際に車に乗って運転して学ぶのとの差です。

そこには歴然とした差があります。

死の怖れは、実際にあの世を体験し、知ることで軽減することができます。

あの世を体験するにはどうするのか、それについては本書の最後にヘミシンクについてお話しするところで、詳しく説明します。

Q22 人の運命は生まれつき決まっているの？ 決まった運命を変えることは出来るの？

「あの世はどういう世界なの？」でお話ししましたが、高層界の「光あふれる世界」には次の人生を計画する場があります。

そこでは、次の人生について、何を学ぶか目的をまず決めます。次に、その目的を達成しやすいように次のことを設定します。

①生まれる環境（国、時代、両親、家族構成、性別）
②身体的な条件（体格、容姿、健康状態、障害があるかどうか）
③能力（身体的、精神的な能力）

これらは目的を達成するのに最適になるように選択、設定されます。

たとえば、この目的を達成するには容姿が美しくなければならないということなら、美しくなります。容姿は普通でいいということなら、普通となります。

あるいは、この目的を達成するには歌の才能が秀でてないといけないということなら、そうなります。あまり関係ないということなら、普通となります。

過去世の因果で決まる部分もあるんじゃないのと思われるかもしれません。たとえば、過去世で音楽をしっかり学んでないと、今生で才能を持てないだろうとか。

その答えはイエスです。それまでの過去世でどれだけ幅広い体験をしてきたかで、使えるようになる才能にも限度があるように思えます。

ただ、後で輪廻のところでお話ししますが、多くの人はこれまで何百回と人生を経験しています。なので、過去世でほとんどすべての人格と体験のパターンをやっています。ひとりやふたりは音楽を学んだ人がいるのです。

このように身体的な条件や能力について生まれる前にかなりの部分を設定してきています。ただし、能力の場合、それをどれだけ伸ばすかは、本人の努力に負う部分も相当あります。能力的には恵まれていても、努力を怠っては十分に発揮できません。イチローは天賦の才に恵まれていたかもしれませんが、彼が相当の努力家だということは誰もが認めるところです。

誤解してほしくないのは、①から③までは、何か偉い存在がいて、無理矢理押し付けられたわけではないという点です。自分がガイドたちと相談しながら選定しているのです。人に押し付けられたものなら運命というようなとらえ方もできますが、そうではないのです。自分が選んでいるのです。

ここまで選定すると、次のことを設定します。

④人生での重要な出会いや出来事とそのタイミング

これも自分が選定しています。その意味で運命ではありません。また、重要なものは設定しますが、それ以外の詳細、および設定したことに対して自分がどう対応するかも未定です。たとえば、交通事故にあってけがをすると設定していても、そのけがということに対してどう対応するのかは、そのときの自分が選択します。選択に応じて、人生はいかようにも違ったものになります。

なので、人生は生まれながらにして決まっているような運命というものではけっしてないのです。運命ではないので、常に自分の選択によって変わっていきます。

Q23 死後、生きている人にコンタクトできるの？

可能な場合があります。死後、生きている人とのコンタクトを試みられるのは、亡くなった人が次のいずれかにいる場合です。

ひとつは、低層界のこの世に近い領域にいる場合、もうひとつは、高層界の光あふれる世界にいる場合です。

まず、低層界の中でこの世に近い領域にいる人の場合ですが、こういう人たちの中には、生きている人が見える人がいます。彼らはさかんに生きている人に話しかけたりするのですが、生きている人はほとんどの場合、気づきません。

それは生きている人が意識を物質世界に集中しているからです。意識を物質世界から少し非物質世界の方へずらすことができれば、彼らに気づき、話すことができます。ただ、そうできる人はまれです。

普通の人がそういう意識状態になるのは、眠りに落ちる寸前と逆に目覚める直前です。この状態で、そばに亡くなった人が来ていれば、それに気づき、話をすることが可能となります。ただ、彼らに気づいても、ほとんどの人が怖がってしまいます。そのため、会話というような形に発展することはまれです。

もうひとつは、高層界の光あふれる世界にいる場合です。

高層界にいる人は境界領域（この世とあの世の境界領域）までやってくることができます。また、生きている人も眠っているときにこの領域まで来ることがあり、そこで亡くなった人に出会うことがあります。おそらく出会いは偶然ではなく、ガイドやヘルパーがアレンジしていると思われます。

亡くなった人が残した家族や知人に会いたいと思うのは、今の状況を伝えて、安心してもらいたいからです。ちゃんと楽しくやっているから大丈夫だよ、ということを一番伝えたいのです。残された人たちが過度に悲しんだり、つらい思いをしたりするのを何とか慰めたい、人生を先へ進めるようにしたいと思っているのです。

生きている人は夢の中でこれを体験します。目覚めた段階でしっかりと覚えている場合と一部のみ覚えている場合、まったく覚えていない場合があります。

こういう可能性があるということを知っているだけで、夢の中で会う機会が増え、また、体験したことがらを覚えていられるようになります。

Q24 死んだ人にコンタクトできるの？

はい、可能です。

前問の回答でお話ししましたが、生きている人は夢の中で「この世とあの世の境界領域」へ行き、亡くなった人の中でここまで来られる人と会うことができます。

夢の中ですので、出会いをそのまましっかりと覚えておくことには難しさがあるかもしれません。

亡くなった人にコンタクトする方法には大きく分けてふたつあります。

ひとつは霊媒と呼ばれる人をとおして亡くなった人と話をする方法、もうひとつは、自分で変性意識状態に入りコンタクトする方法です。

夢の中で会うというのは後者です。

霊媒とは、トランス状態に入ることで、亡くなった人や何らかの霊的存在からのメッセージを伝えることができる人のことです。東北地方のイタコや沖縄のユタが有名です。

霊媒と呼ばれる人でも能力には個人差が大きく、また同じ人でも日によってコンディションによって能力にバラつきが出ます。

そのため、本当に亡くなった人を呼んでいるのかどうか、本人と家族しか知らないようなことを聞くとかして、真偽を確かめるぐらいのことはしたほうが無難です。頭から信じないことです。世の中にはインチキ霊媒師は五万といるようです。

自分で変性意識に入りコンタクトする方法ですが、これが良い点は他人に頼るのではなく、自分でできる点です。自分でコンタクトするので、それが本当かどうか自分の感覚で判断することができます。

このひとつに、後でお話しするヘミシンクという方法があります。この方法は練習することで特定の意識状態に入れるようになり、亡くなった人に会ったり、会話したりできるようになります。詳しくは「ヘミシンク」の章を参照ください。

これまでに多くの人が私たちの開催するヘミシンクのセミナーに参加して、あの世を体験し、さらに亡くなった家族や知人と会うことができています。

その結果として、それまでの心の傷が癒え、人生の新しい一歩を踏み出せるようになっています。

Q25 自分の死後、先に死んだペットに会えるの？

はい。

死後、「光あふれる世界」まで着くと、みなそこに自分の**活動拠点**を作ります。それは自分の好きなように作っていいので、自分が住んでいた家をそのまま作る人もいれば、理想の家とか別荘などを作る人もいます。

先に死んだペットがそこにやってきたとか、自分で呼んだという話を良く耳にします。ペットは生前のままの姿で現れるということです。ヘルパーがふりをしているということではなさそうです。

活動拠点は死んでからでないと作れないわけではありません。生きている間に「光あふれる世界」へ行くことができれば、作ってもかまわないのです。

アクアヴィジョンの主催するヘミシンク・セミナーの中には、あの世を訪れるものもあります。その中でセミナー参加者は、自分の拠点を作る機会があります。

みなさんは本当に楽しみながら拠点を作ります。毎回、何人かの人は死んだペットを呼んだと後でレポートします。あるいは、二度目に行ったら、死んだペットが来ていてびっくりしたとか。中には歴代のペットがずらっといるという人もいます。特にペットロスで悩んでいる人にとっては、あの世でペットに会えるということは、心からの癒しになるようです。

活動拠点ですが、セミナー参加者は他の人の活動拠点を自由に訪問してかまいません。そうすることで、自分が心の中で作ったものに客観性を持たせることができます。

たとえば、AさんがBさんの活動拠点を訪れ、自分が知覚した様子を後でBさんに言ったとします。それが実際にBさんが作ったものとかなり類似していれば、Aさんは本当に知覚していたということになるでしょう。

また、Bさんとしてみれば、自分の勝手な想像かもしれないと自信が持てなかったのが、Aさんに知覚してもらったおかげで、勝手な想像ではないと思えるようになるでしょう。

このように活動拠点を互いに訪問し合うと、自信を深める手助けになります。

Q26 あの世では感情は弱くなるというのは本当？

この質問は、あの世の中でも「光あふれる世界」についての質問だと思います。それ以外の世界では、この世と同じような程度で感情があります。場合によってはこの世以上に強い感情に囚われていることもあります。たとえば、怒りや悲しみ、苦しみ、つらさといった感情に囚われている人が低層界の一部にはいます。

それに対して、「光あふれる世界」は喜びのエネルギーに満たされた世界なので、**そこにいると自然と心が穏やかになります。**

そのため、怒りや怖れ、悲しみ、苦しみ、恨み、憎しみ、ねたみ、不安、心配、つらさ、罪悪感、不平不満、愚痴、フラストレーション、執着、未練、欠乏感、自己嫌悪といったネガティブな感情は起きにくくなります。起きたとしても、この世ほどの強さではありません。

何でも許せる状態と言ったらいいでしょうか。奥さんに隠しごとがあったとしても、大丈夫だと思います。

私たちがネガティブな感情を持つ原因は、自分が満たされていない、愛されていないと思っているからです。

自分が満ち足りた心になり、愛されているとわかれば、ネガティブな感情は起きにくくなります。

光あふれる世界では、そのエネルギーのために自然にこういう状態になります。また、ガイドといっしょにいて直接話をする機会が増えます。そのため、この世にいたときよりもずっと理解力、包容力のある人になっている可能性が高くなります。

ポジティブな感情のほうは自然に出てきていますので、そんなに強い感情としては感じられないかもしれません。

そのため、総じて言えば、強い感情は体験しなくなると言えるでしょう。

Q27 臨死体験は本当にあの世を体験してきたの？

臨死体験が本当にあの世を体験してきたものなのか、それとも、脳内現象（想像）なのか、研究者の間で長年議論されてきています。

立花隆『臨死体験（上）（下）』（文春文庫）は、両者の意見を詳しく解説していますが、現状ではどちらとも言い難いというところのようです。

ただ研究者ではなく、臨死体験をした本人たちの多くは、あの世体験だと確信を持っている場合が多いようです。『プルーフ・オブ・ヘブン』（早川書房）の著者で脳神経外科医のエベン・アレグザンダーはそういったひとりでしょう。

これが本当のあの世体験なのか、それとも想像なのかの議論は、おそらくしばらくは結論を見ないのではないでしょうか。決定的な証拠をどちらのサイドも提供できるとは思えません。

ただ、あの世があることを確信している私たちとしては、本当のあの世体験に違いないと思っています。

むしろ興味があるのは、この議論ではありません。臨死体験があの世のどこまでの世界を見てきたのか、という点です。

体験談を記録した本を読むと、臨死体験とひと言で言っても、人によってその体験の内容や深さに違いがあることがわかります。違いの一因は心肺停止状態にどれだけの時間いたかが異なるためと思われます。

報告された体験談はおおむね次の3つに分けられるようです。

①肉体から離れたが、まだこの世にいる
②あの世とこの世の境界まで行って帰ってきた
③あの世の中へかなり入ってから戻ってきた

それぞれについて体験例を挙げてみましょう。

まず①の例は、

◆手術室内の天井あたりから自分がベッドに横になっているのを見ている。まわりには医師や看護師がいて、忙しく動き回っている。
◆事故に遭った車が大破しているのを上から見ている。救急車がやってきた。大けがをした人を車から出し、救急処置を施している。よく見ると、その人は自分だ。

見たことがらが明らかにこの世での出来事です。見た内容が現実と一致していたということがあります。そういう例が体外離脱現象が想像ではなく、本当の体験だということの傍証とされることがあります。

次に②の例は、
◆川の手前にお花畑がある。美しい花が咲き乱れている。ふと川の向こう岸を見ると、亡くなった祖母が立っている。怖い顔をして、「戻れ!」と大声でどなっている。
◆門があるところまで来たが、なぜかそこで帰ってきた。

川や門といった境界を象徴するようなもののところまで行き、帰ってきたという体験は、この世とあの世の境界まで行ってきた体験の可能性が高いと思われます。

③の例は、

◆真っ暗な中に大勢の人がボーっと立っている。みな他の人には気がついていない。上の方から光の存在がやってきて手を差し伸べるのだが、誰も気がつかない。

◆光あふれるところで、亡くなった祖父や両親、親せきなどが集まり祝賀会を開いてくれた。

臨死体験の中にはあの世の体験だと思われるものの、あの世のどこでも体験か定かでないものもあります。それは、「光の存在との出会い」と「人生回顧」です。光の存在との出会いとは、文字どおり光り輝く存在と会う体験です。その存在は愛情豊かで、すべてを受け入れてくれます。

人生回顧とは、その光の存在が、死んだ人の人生を最初から最後まで走馬灯のように見せてくれる体験です。その存在は評価したり、裁いたりしません。

このふたつの体験は、この世とあの世の境界領域での体験である可能性が高いと思われますが、あの世の高層界での体験であってもまったくおかしくありません。

Q28 夢はあの世の体験なの？

夢にもいろいろな種類があると思います。

単なる想像だと思われる夢もたくさんありますが、中にはあの世を体験したのではないかと思われる夢もあります。

モンローによれば、私たちは夢の中で高層界の「学習の場」を訪れてさまざまなことを学んでいるということです。

それ以外にも、次に挙げるような夢はあの世へ行った体験と考えてもよさそうです。

《この世とあの世の境界領域に行ったと考えられる夢》

前にお話ししましたが、ここにはブリッジ・カフェと呼ばれるところがあり、亡くなった人が残された人と会っています。ここには他にも同じ目的の場所がいくつもあります。

この出会いをそのままストレートな形で覚えている人はまれです。亡くなった人が夢に出てきたという場合、この境界領域で会ったのを覚えていることが多いようです。

《低層界に行ったと考えられる夢》

私の個人的な例ですが、学校の建物の中をうろうろしている夢をときどき見ました。最近でもまれに見ます。その学校は子供のときの小学校と中学校を合体したような構造になっています。

小学校の低学年のころ、学校のトイレがきたなくて気持ち悪くてトイレに行けず、校内をうろうろした覚えがあります。

そのころの自分が低層界に囚われているのかもしれません。

《信念体系領域に行ったと考えられる夢》

夢の中なのですが、…自分は社会の一員としてこれまでずっとそこで生きてきた感じがある。それまでに長いストーリーがあり、登場する人たちそれぞれにもしっかりした背景がある。ただ、まわりの人は嫌な人ばかりで自分を攻撃してくる。走ってその場から逃げだす…

目が覚めて思い出せるのは最後の部分のみなのですが、夢の中の世界は非常にリアルで、とてもその場で想像したような単純な社会ではないのです。

どうも自分の一部は常にそこにいるという感じです。

このように夢の中にはあの世を体験したと考えられるものがあります。

Q29 子供のときの自分の一部があの世にいる？

はい、あります。

前にお話ししましたが、低層界に囚われている人を救出して高層界まで連れていく活動を**救出活動**と呼びます。これは常時ヘルパーたちによって行なわれています。私たちはヘミシンクを聴いてあの世へ行き、この活動のお手伝いをすることができます。ヘミシンクのセミナーには救出活動を中心に行なうものもあり、これまでに多くの方が救出活動に参加されています。

救出した人が子供のときの自分だったとか、若いころの自分だったということがときどきあります。

あるいは、自分の知っている人の子供時代ということもあります。

あの世の低層界に囚われていた子供のころや若いころの自分というのは、何らかの理由で自分の本体から切り離された自分の一部なのです。

苦しい体験をしていたときの自分や、大変な時期を過ごしていた自分、恥ずかしく忘れてしまいたい体験をした自分、当時とても悔やんだ体験をした自分です。今ではすっかり忘れてしまっていることもあります。忘れてしまうことで本体が正常でいられることもあります。

忘れたわけではないのに、そのときの自分を極度に嫌っていたりすると、本体から切り離されていることもあります。

自分のまわりの人の中に嫌いなタイプとか、苦手なタイプ、いっしょにいるとイライラするタイプがいると思います。なぜそういう感情を持つのでしょうか。それは実は自分の中にある、そういう部分を嫌っているのです。その部分を体現するので、特定の人のことを嫌うのです。

たとえば、私の場合は、レストランなど公の場で、まわりを気にせず大声で話す人は、嫌いなタイプです。そういう人を見るとイライラします。

これは、自分の中の「まわりを気にせず大声で話をする」自分を嫌っているのです。子供みたいに無邪気な、天真爛漫な自分です。

そういう自分は表面に出ないよう抑圧されているわけです。つまり、日の当たらないところに小さくなっているということになります。それはあの世の低層界にいるということです。

自分の心の奥深くの部分をあの世の低層界というふうに象徴的に把握してるだけで、実際に低層界にいるわけではない、と思う人もいるかもしれません。ただ、子供のときや若いときの知人に低層界で会うことがあるので、低層界にいると見なすことができると思います。

それでは、救出するにはどうしたらいいでしょうか？

それには、実際に低層界に行って、そこにいる自分を見つけ出し、抱きしめ、光あふれる世界へと連れていくというプロセスを行なうのが効果的です。光あふれる世界へ行く段階で、自分に合体して自分の中に戻ります。

この一連のプロセスを行なうことは、そういう自分をしっかりと思い出し、そして、認め、さらに受け入れるということをやっていることになります。

Q30 死んでまで会いたくない人と会ってしまう？

面白い質問です。いろいろなケースが考えられます。ケースごとに分けて考えたいと思います。

ここでは、ひとりは死んでまで会いたくないと思っているのに、もうひとりは死んでも会いたいと思ってる場合に限定して考えます。

（1）共に低層界にいる場合

低層界にいる人は普通、一人ひとりバラバラにいますので、会うということはないでしょう。

ただ、低層界でもまれに自由に動き回れる人がいます。会いたいと思っているほうが自由に動き回れる場合は、他方に会いに行くでしょう。その結果、会ってしまうことになります。

ふたりが自由に動き回れる場合は、会いたいと思ってるほうは相手を探そうとし、探しだします。もうひとりは逃げますが、逃げても追っかけてきます。

(2) ひとりが中層界にいて、もうひとりが低層界にいる場合

中層界はその中に入るとひとつの閉鎖社会になっています。外へ出ることは難しくなります。もうひとりも低層界の中に隔離されていますので、会うことはないでしょう。

(3) ふたりとも中層界にいる場合

ふたりが異なる信念体系にいる場合は、会えません。同じ信念体系にいる場合は、会うことになります。

(4) ひとりが高層界にいて、もうひとりが中層界か低層界にいる場合

高層界にいる人がもうひとりに会いたくないと思っている場合は、しばらくは会いません。そのうち心が緩んできて、会ってもいいと思うようになれば、会いに行くことはできます。

中層界と低層界にいる人はそこに囚われているので、もう一人に会いたいと思っても、会えません。

高層界にいる人がもうひとりに会いたいと思っている場合は、中層界や低層界に行くことができます。ただし、高層界に来ると、心が穏やかになります。それまでストーカー的な感覚で会いたいと思っていたなら、それが変容してその人を救出したいという思いから会いに行くことになります。ただ、もう一人の方は会いたくないと思っているので、救出が成功するかどうかはわかりません。

（5）共に高層界にいる場合

高層界にいると感情が和らぎ、何ごとも許せるようになります。その結果、会いたくないと思っていた感情も緩み、おそらく自然に会うことになるでしょう。

Q31 死後、身体や精神の障害、認知症は治るの？

はい。人によりすぐに治る人としばらくかかる人がいますが、治ります。死後、どの世界に行くかは人それぞれですが、いずれは「光あふれる世界」へやって来ます。「あの世はどういう世界なの？」でお話ししたように、「光あふれる世界」には「癒しと再生の場」というところがあります。

ここでは、生前にかかった病気や事故でのけが、あるいは、この質問のように身体や精神の障害、認知症を治します。死んでしまえば肉体はないので、病気やけがはまったくないのですが、本人が今なおそう思い込んでいるので、ほとんどの人があの世に来ても同じ症状を持ってきます。そのため、それを治すための施設があります。それは地上の病院とまったく同じような施設のこともあります。外科手術をするところもあれば、リハビリをするところもあります。

私の父は死ぬ前の数年間、入退院を繰り返していたのですが、次第に認知症になっていきました。最後には数分前のことも覚えていない状態でした。

亡くなった後、見に行くと、病院のベッドで寝ています。最初は、低層界に囚われているのかと心配しましたが、ガイドによると、そうではなく、癒しと再生の場にいるとのことでした。

しばらくの間はいつ行っても同じようにベッドに寝ていました。その後、リハビリをやるようになりました。「フランス語の勉強をしてる」とか、「ソニーの生産ラインで働いている」とか言ってました。そうやってだいぶ回復すると、次に会ったときには、「ガイドになるために学んでいるんだ」と言ってました。

うつのため自殺した知人の女性も会いに行くと、癒しと再生の場で癒しのプロセスを受けているので直接には会えないとガイドに言われました。

そのとき一瞬垣間見えたのですが、彼女は柔らかい雰囲気の部屋で、赤ちゃんに戻り、両親役のヘルパーに抱かれて愛情たっぷりに育てられていました。問題のあった幼少期からやり直すことが癒しに必要だったそうです。その後、彼女は自分の**トータルセルフ**へ帰還しました。トータルセルフについては、後でお話しします。

彼女のトータルセルフは女神として活躍するために、今回の彼女のうつとしての体験が不可欠だったとのことです。

Q32 守護霊っているの？

はい。各自に数名ずつついています。

守護霊とか守護神、指導霊、ガーディアン・エンジェル、ガイドなどいろいろな呼び名がありますが、どれも同じものを指しています。この本では**ガイド**と呼びます。

彼らは肉体をもたない、非物質の生命体です。過去に人間を体験したことのあるガイドもいれば、そういう体験のないガイドもいます。中には物質的な生命を体験したことのないものもいます。

そのためもありますが、ガイドの姿形はガイドにより実にさまざまです。人の姿のこともありますが、熊や犬、ふくろう、ワシなどの動物、龍、光の球や渦、色のパターンのこともあります。あえて姿形をとらない場合もあります。

人の姿の場合でも、ネイティブ・アメリカンの酋長とかギリシャの賢人、白髪の老人、観音菩薩、仏陀、キリストなどといかにも威厳のありそうな場合と、普通のおじさんやおばさん、子どもということもあります。姿はそれほど重要ではないということを表しています。

自分の過去世のひとりがガイドになっていることもあります。

ガイドの役割はその人を導くことです。より高い意識の段階へ発展できるようにすることです。

ガイドはこれまでにその人の何回もの人生で関わってきています。私たちはみな生まれる前に次の人生を計画していますが、ガイドの助言の下にそれを行なっています。

生まれた後は、細かいことで一々口出ししません。本人の自由意思を尊重し、ある程度、離れた位置から見守ります。

ただ、まったく野放しということではなく、長期的な視点からその人にとって有益な出会いをアレンジしたり、折を見てアドバイスを与えたりします。

ここで出会いとは人との出会いだけでなく、本、映画、テレビ番組、曲や絵画などの芸術作品、出来事や機会、お金などとの出会いも含みます。本屋で何となく手にした本を開いたら、そのページに悩んでいたことの答えが載っていた、という具合です。

ときどき夢の中で助言を伝えたり、ひらめき、直感という形で情報を与えてくれたりします。

親が子供の宿題をやってしまっては、子供にとって勉強にならないのと同じで、ガイドが本人のやるべきことを代わりにやってくれるということはありません。

本人が何かをやりたいという時、失敗することがわかっていても、やらせます。失敗をとおしてしか学べないこともあるからです。

逆にガイドとしてはやらせたくないと考えていても、本人がまったく聞く耳を持たず、どんどん悪い方へ突っ走ってしまうこともあります。何度も同じ失敗をしていて、そろそろ学んだほうが良いとガイドは考えるのに、本人が一向に学んでくれないのです。そういうことから、ガイドとつながることがいかに大切かわかります。

ガイドとつながり、交信することは可能です。そうすることで、より直接ガイドの考えを聞くことができます。ただ、それはあくまでも助言であって、自分の人生は自分で選択し、自分で生きることに意義があります。

Q33 どうすればガイドとつながれるの?

それには順を追って練習することが大切です。

《ガイドからのメッセージに気づく》

まず、ガイドからのメッセージに気づくということから始めます。実はガイドは私たちにときどきメッセージを送っています。それはひらめきや直感、胸騒ぎという形で届くことが多いようです。まずはそれに気づくことが第一歩です。

それには日頃から、そういう可能性に心を開くこと、そして、ふと心に沸いてくる思いに意識を向けます。そうすると、案外簡単にそういうメッセージに気づくものです。

ただ、問題は多くの人はたとえひらめきや直感、胸騒ぎに気づいても、それを無視するか、論理的に考えた末に否定してしまうのです。

たとえば、朝、家を出るときにかさが必要になると直感したとしても、「天気予報が今日は一日良い天気だと言ってたな」と思って、その直感を否定してしまうのです。

それではどうやってひらめきや直感に従えるようになるのかというと、一度従ってみればいいのです。ひらめきや直感が来たときに、論理的に考えることを止めて、ひらめきや直感に従ってみます。その結果がどうなるか観察してみます。それでうまく行けば、少し信じられるようになります。

そういうことを続けることで、次第に直感やひらめきを信じられるようになります。

《質問し答えをもらう》

次に質問をして答えをもらうという練習を行ないます。

たとえば、瞑想したり、ヘミシンクを聴いたりして、静かな心境になります。そして、あらかじめ考えておいた質問を思い出し、心の中で問いかけます。

そしてリラックスして、ふと浮かんできた答えに気づきます。ここでふと浮かんかんでくるというのが味噌です。

答えはさまざまな形でやってきます。言葉で来ることもありますが、イメージや画像、映像、シンボルというように何かが見えるという形で来ることもあります。あるいは、音が聞こえる、曲が聞こえるということもあります。体の一部が動くとか、エネルギーが流れるというふうに体感で来ることもあります。

それから、その場で意味がわかる場合と、しばらくしてわかる場合とがあります。また、答えはその場で来るとは限りません。しばらくしてから来ることもあります。たとえば、電車の中で目の前に座っている人が新聞を大きく開いているので、何気なく見たら、そこに答えが載っていたとか。

こちらの想像を超えた形で答えがやってくることがあり、今度はどういう形で答えが来るだろうかとワクワクします。

ガイドとつながる練習をしていく上で、ワクワク感は重要な要素です。この練習を楽しむことが、うまくなるコツだと思います。

《質問するための場（交信ポイント）をイメージする》

ガイドとつながりやすくするためのツールとして、特定の場所（交信ポイント）をイメージするというやり方があります。毎回そこをイメージして、そこで質問するというふうに習慣化するのです。あるいは、そこでガイドに会うことを想像してもいいです。その場所は自分がイメージしやすいところであればどこでもいいでしょう。

たとえば応接間。テーブルがあり、ソファがあり、自分がソファに座っていることを想像します。向かいのソファにガイドに来てもらいます。そして質問して答えをもらうことを想像します。

あるいは、南洋のビーチに白いパラソルとテーブル、イスが2脚あると想像します。その一つに座り、アロハシャツを着てトロピカルジュースを飲んで待っていると、ガイドがやってきます。

肝心なことは楽しむこと。想像を膨らませること。

ガイドに質問するときに毎回この場所をイメージして、そこに行くようにします。

そうすると、簡単にガイドとつながれるようになります。

《ガイドとの会話を想像する》

特定の場を想像しガイドと会ったら、次に会話を想像します。初めはまったくの想像でいいです。自問自答していきます。そのうち想像しなくても答えが返ってくるようになります。流れに乗ることが大切で、一度会話が流れ出したら、止めないようにします。

リラックスすることが重要なので、ヘミシンクを聴きながらやると効果的です。慣れてくるとヘミシンクを聴かないでもできるようになります。私はお風呂に入っているときにガイドと交信することがけっこうあります。

Q34 あの世の存在は科学で証明できないの？

今の段階では無理です。

科学はこの世（物質世界）のみを見ています。科学の計測（測定）にかかるものは、物質か物質的なエネルギーです。たとえば、分子や原子、それらを形作る素粒子、そして重力、電磁気力、核力など。これらはすべて物質か物質的な力（エネルギー）です。それら以外は計測にかかりません（測定できません）。

それに対して、あの世は物質ではできていません。非物質と非物質的なエネルギーでできています。

従って、あの世は科学では計測できません。計測できないものはその存在を科学では証明できません。

ただし、証明できないからと言って存在しないわけではありません。

将来、科学が発達して、物質ではない非物質と非物質的なエネルギーを計測できるようになったら、あの世も計測できるようになり、存在が証明できるようになるでしょう。ただ、それはだいぶ先になるのではないでしょうか。

それでは、それまで、手をこまねいて待っているべきかと言うと、当面は間接的な計測を試みる必要があるかもしれません。

どういうことかと言うと、**あの世の非物質的なエネルギーを物質的なエネルギーに変換してくれるものを探し出し、それを使うことで非物質的なエネルギーを間接的に測定するという方法です。**

実は、生体はまさしくそういう機能を持っているのです。つまり、生体は非物質的なエネルギーを物質的なエネルギーに変換するのです。

たとえば、人体はヒーリングによって癒されます。これは人の発する**ヒーリング・エネルギー**という非物質的なエネルギーによって、肉体（物質）が癒されるという現象です。

ヒーリング・エネルギーは物質的なエネルギーではありません。非物質的なエネルギーです。

非物質的なエネルギーが人体をとおして物質的なエネルギーに変換されたということです。人体だけでなく、生体すべてに同様の作用があります。

つまり、生体をセンサーとして使えば、非物質的なエネルギーを物質的なエネルギーとして計測できる可能性があるのです。

この方法を科学的にしっかりしたものとして確立すれば、科学者が認めざるをえない科学的な証拠を集めることができるのです。

実際、ＮＰＯ法人　国際総合研究機構（ＩＲＩ）では、きゅうりの切片を生体センサーとする方法を確立し、ヒーリング作用の存在を科学的に実証しています。

私の会社であるアクアヴィジョン・アカデミーはＩＲＩと共同研究を行なっています。これまでに科学論文（英文）が２本、審査がある国際的な学会誌に受理されています。

http://www.academicjournals.org/journal/IJPS/article-abstract/FCBDF0B18439

http://www.ijsciences.com/pub/article/714?utm_contents=ZEdGdlXZHBRR0V0YVhKcExtOXladw

将来、こういった研究があの世の存在の科学的な証明に結びつくことを願っています。

Q35 あの世はどこにあるの？

ラジオを例にとって説明するのがわかりやすいと思います。

AMラジオにはいくつもの放送局があります。東京近郊で言えば、NHK東京第1放送、NHK第2放送、TBSラジオ、文化放送、ニッポン放送など。

それぞれの局は電波を発していますが、みな周波数が違います。たとえば、NHK東京第1放送は594キロヘルツ、NHK東京第2放送は693キロヘルツ、TBSラジオは954キロヘルツ、文化放送は1134キロヘルツ、ニッポン放送は1242キロヘルツです。

それぞれの局から発せられた異なる周波数を持つ電波は、あなたの家庭にもやってきています。あなたの部屋の中には、こういった異なる周波数の電波が同時にいくつも存在しています。

ラジオのチューナーはその中からある局の電波のみを選択して、それを聴くことを可能にしてくれます。たとえば、チューナーを954キロヘルツに合わせれば、

ＴＢＳラジオが聞こえます。

この世とあの世の違いは、この電波の周波数の違いのようなものです。異なる局の電波が同時に同じところに存在するように、**この世もあの世も同時に同じところに存在していると考えてもいいのです**。

人は、ラジオのチューナーの役割を演じることができます。意識の周波数を変えることで、特定の世界に意識を合わせ、その世界を体験することができます。

たとえば、意識をこの世に合わせれば、この世が把握されます。自分の肉体が感じられ、それを動かすことができます。

意識の周波数をこの世からずらしていくと、あの世が把握され始めます。まず、低層界が把握され、さらにずらすと、中層界、さらにずらすと高層界が把握されます。それぞれに自分の体があり、それを動かすことができます。また、そこに住んでいる人たちと交流することができます。

この世の周波数が一番低く、高くなるについて低層界、中層界、高層界が知覚されてきます。

ここで意識の周波数という言葉を使いましたが、同じ周波数と言っても、科学で扱う周波数とは異なります。科学で周波数と言うと、物質や物質的なエネルギーが時間的にあるいは空間的に振動（変化）していることを前提にします。

たとえば、電波では電場や磁場が時間的に振動しています。その1秒あたりの変化の回数を周波数、あるいは振動数と呼びます。

時間的に変化していなくても、空間的に周期的に変化しているパターンがあれば、空間周波数というものを定義できます。1メートルあたりの変化の回数になります。

たとえば、壁や床の図柄が同じパターンの繰り返しの場合です。

それに対して、意識の周波数と言う場合、振動（変化）しているのは何かと言うと、それは物質や物質的なエネルギーではありません。意識という非物質的なエネルギーです。

しかも振動（変化）と普通言うと時間または空間に対する変化ですが、非物質界での話ですので、時間や空間はありません。それらではなく、私たちの知らない何かに対する変化のはずです。

その何かとは、4番目の空間次元ではないでしょうか。

私たちの知っている空間は3次元空間と呼ばれています。それは縦、横、高さの3方向からできています。3つの方向（これを次元と言います）は、互いに90度の角度で交わります（これを直交すると言います）。

この3つの空間次元に時間を合わせて、私たちは4次元時空間に住んでいます。空間次元は縦、横、高さの3つしか知られていませんが、それら3つと直交する4番目の空間次元があると考え、非物質世界はそちらの方向にあると考えるとうまく説明がつく可能性があります。

意識の周波数というのは、意識という非物質エネルギーの、4番目の空間次元での変化の度合いではないかと思われます。これについては、後で詳しくお話ししたいと思います。

まとめると、あの世もこの世も同じところにあるが、周波数が違うと言えます。

Q36 あの世は地球のまわりにあるの？

前問の答えで、「あの世もこの世も同じところにあるが、周波数が違う」ということでした。

それでは、東京で意識の周波数を変えてあの世を体験する場合と、たとえばニューヨークで体験するあの世は同じなのでしょうか、それとも違うのでしょうか。

結論から言うと、東京で意識の周波数を変えて体験するあの世と、ニューヨークで体験するあの世は同じです。どちらで体験しても同じものが見えてきます。もちろんあの世は広大ですから、どこに意識を向けるかで体験する内容は違ってきますが、全体としては同じものです。

これはちょうど世界中どこからでもアクセスできるインターネットのようなものです。東京でアクセスしようが、ニューヨークでアクセスしようがまったく同じところにアクセスできます。

つまり、あの世の中の特定の世界が、この世の特定の場所にくっついて存在しているわけではないのです。

すべての場所に一様に存在しているということになります。物理学ではこれを非局所性と言います。一か所に局在していないという意味です。

ただし、低層界の中の「この世のすぐ近くにある領域」は例外です。これは、この世の特定の場所にあります。たとえば、死んだ後も生前住んでいた家にそのままいる人の場合は、あの世ですが、その家に局在しています。

ここまでの話は地球上での話です。どこで意識の周波数を変えても同じあの世を体験します。

それでは、他の星で意識の周波数を変えたら、どうでしょうか？　地球と同じあの世を体験するのでしょうか？

答えは、ノーです。

他の星では地球とは違う、その星のあの世（非物質界）を体験することになります。つまり、地球で体験するあの世は地球に付随しているのです。あの世は非局所的ではありますが、それはあくまでも地球という限られた領域内でのことなのです。

そういう意味では、地球で体験するあの世は、地球のまわりに、あるいは重なるようにあると言えるのではないでしょうか。

実際、「光あふれる世界」の意識レベルよりさらに上のレベルに上がり、地球から少し離れた位置から地球を見ると、地球は白っぽい霞で覆われているように見えます。徐々に低いレベルへ降りてくると、霞の中に入ってきて、この霞はあの世だということがわかります。

地球以外の星にも物質的な生命系は数多くあります。そういう星にも地球同様に非物質界があります。それぞれの星の非物質界はそれぞれの星のまわりにあるのです。それぞれの非物質界は互いに隔離されています。

このように、「光あふれる世界」の意識レベルでは、地球のあの世と他の星のあの世は隔離されています。

ただ、もっと高い意識レベルへ、つまりもっと高い周波数に上がると、地球や他のすべての星の非物質界がつながり、どの星の非物質界という区別ができない状態になります。ちょうど地球上で東京のあの世もニューヨークのあの世も同じだったように、地球の非物質界も他の星の非物質界も同じという状態になります。つまり、すべてが非局所的になります。

ただし、これもまだ銀河系内でという限定があります。他の銀河とは区別されます。

さらに高い意識レベル（周波数）に上がると、銀河系や他の銀河を含むもっと広い領域内がすべて非局所的になります。

こういう具合により高い周波数に上がると、より広大な領域が非局所的になっていきます。

ところで、私は半導体エンジニアをやってましたが、地球のあの世の構造は、実は固体物理学、特に半導体物理学に出てくる話とそっくりなのです。半導体というのはトランジスターやＩＣ、ＬＥＤ、レーザーダイオードなどに使われる結晶材料です。

専門的になりすぎるので、ごく簡単に済ませます。

半導体内の電子は周波数が低い状態では、価電子帯というレベルにいます。ここは自由には動くことができない状態です。ちょうど私たちがこの世にいる状態です。

電子はエネルギーが高くなり、周波数が上がると、伝導体というレベルに上がり、自由に動きまわれるようになります。これを自由電子と呼びます。ここでは電子は非局所的になり、結晶内のどこにいるのか特定できなくなります。ここはちょうど私たちがあの世にいる状態です。

自由電子は自由にどこへでも行けますが、それはあくまでも結晶内です。ちょうど私たちがあの世の中を自由に移動できても、それは地球に付随するあの世の中に限るというのと同じです。

結晶内にはところどころに結晶欠陥と呼ばれる結晶の並びが乱れたところがあります。そういうところには自由電子は囚われてしまい、自由には動けなくなります。ちょうど低層界の「この世のすぐ近くの領域」にいる人のようです。

このように、あの世とこの世の関係は半導体結晶内の電子の振る舞いによく似ています。

私たちも電子も基本的に同じ性質を持っていると言えるのではないでしょうか。

Q37 あの世に時間はあるの？

この世のような厳密な時間はありませんが、時間がないということではけっしてありません。

時間がないとなると、すべてのことが同時に起こっていて時の流れがないということになります。あの世では、そんなことはありません。時の流れはあります。

たとえば、これが起こって、次にこれが起こって、その次にこれが起こった、という具合に物事が順番に起こります。同時ではありません。

ひとつの例が、死んだ人が「光あふれる世界」に到着してから起こることです。それには順番があります。受け入れの場に来て、次に癒しと再生の場に行き、さらに教育の場を経て、計画の場に行く、という具合です。

ただ、この世のように基準となる事象（たとえば地球の太陽系内での運行）があるわけではないので、時間の流れを厳密に定義することはできません。

あの世のこの領域で起こった出来事と、別の領域で起こった出来事が同時なのか、どのくらい時間差があったのか、ということを厳密に知ることは無意味です。厳密な時間はありませんが、あの世の時間はこの世の時間とゆるくリンクしているようです。

というのは、百年前に「光あふれる世界」にいた人たちと今いる人たちとは明らかに違います。百年前にはその当時死んだ人たちがいたわけだし、今は、最近死んだ人たちがいるわけです。

そういう意味で、あの世の時間はこの世の時間とつながっているのです。

ひとつ前の質問の回答で、あの世は地球のまわりにあると言いました。それは、あの世が地球に空間的につながっていることを意味しています。

ここでさらにわかったことは、あの世は時間的にも地球につながっているということです。

つまり、地球のあの世は空間的に時間的に物質的な地球につながっているのです。

Q38 霊感が強いとか弱いとはどういうこと？

霊感が強い人というのは、この世以外の世界が知覚できる人のことです。

あの世にいる人に意識が合い、その姿が見えたり、交信できたりします。

前にお話ししましたが、この世とこの世以外の世界の違いは周波数の違いです。

霊感の強い人というのは、意識の周波数をこの世の周波数からずらすことができる人ということができます。

ただ、普通は意識がこの世からずれてくると、この世の方が知覚できなくなってきますが、霊感の強い人はたいていこの世も知覚しながらあの世も知覚できています。

なので、むしろ、この世の周波数だけでなく、より広い周波数帯を同時に知覚できる人と言うほうが適切かもしれません。

ラジオを例に出すと、この世を知覚するということがＮＨＫ第１放送にチューナーを合わせた状態だとします。

あの世の低層界はNHK東京第2放送、中層界はTBSラジオ、高層界は文化放送にチューナーを合わせた状態だとしましょう。

そうすると、普通の人はNHK第1放送だけにチューナーを合わせたラジオに相当します。

それに対して、霊感の強い人というのは、普段からNHK第1放送だけでなく、NHK第2放送やTBSラジオにもチューナーが合っていて、さらにちょっと意識を集中すれば文化放送にまで合わせられるラジオということになります。

霊感が強い人たちの悩みは、必要としていないときにもあの世の住人が見えてしまうことです。そのため、そういう人たちが気がついて寄ってきてしまいます。

霊感の強い人たちもその知覚能力をコントロールできるようになると、必要なときだけ能力をオンにできるようになり、日常生活が過ごしやすくなるそうです。

こういう能力は持てば持つで、悩みが尽きないようです。

輪廻転生

生まれ変わりはあるの？

生まれ変わりや前世の記憶……
覚えてないけどちょっと気になる

Q39 生まれ変わりはあるの？

はい。私たちはこれまでに何回も人間として生きてきています。その回数は人によって異なりますが、数十回から数百回というのが一般的なようです。

普通は男も女もだいたい同じ回数経験してきています。

これまでに体験した人生には金持ちもあれば貧しい人もあります。王侯貴族もあれば農夫、漁師、主婦、乞食、職人、兵士、芸術家、学者、賢人、宗教家、政治家、詐欺師、盗人、殺人犯もあります。健常者や障害者、加害者や被害者もあります。長生きした者も生まれてすぐに死んだ者もいます。おそらく、考えられるような人生パターンのほとんどすべてを経験してきているでしょう。

何度も人間を体験しているのは、一度の人生で体験できることには限度があるからです。多種多様な人生を経験することで多くのことを学びたいのです。

人間になる前にはさまざまな生命体を体験してきています。地球上の生命だけでなく、地球以外の生命系での生命もたくさん体験しています。

数多くの生命体験をすることをとおして学び、意識の発展向上をはかっています。

一般的に**輪廻**というと、まずAという人を体験し、次にBを体験しという具合に、順に一つひとつの人生を体験すると考えます。ところが、実際はもう少し複雑です。自分はまずいくつかに分裂し、それぞれが輪廻するようなのです。つまり、いくつかの列になって並列に輪廻していくのです。さらに、途中で新たな自分が生み出され、それがまた輪廻するということもあるようです。

つまり、同時期に自分が複数存在しているのです。

どうしてこういうことが言えるかというと、低層界に囚われていた過去世の自分を救出して高層界へ連れていくということがあるからです。低層界にいた過去世の自分は低層界に囚われていたので、まだ次の生へ移っていません。それなのに今の自分が存在するのです。これをどう考えたらいいのでしょうか。

もし、輪廻が通常考えられているような一列しかない単純なものなら、低層界に過去世の自分が囚われているということは、そこから先の輪廻はないことになります。つまり、今の自分は存在しないはずです。

こういう事実をうまく説明するには、自分がいくつかに分かれて、それぞれが輪廻していると考えざるをえないのです。

いくつかに分かれて輪廻する方が短期間に効率良く、より多くの人生経験を得ることができます。

経験を積むことで学び、意識の低い段階から高い段階へと向上していきます。岩石などの鉱物を体験し、次に植物、動物、そして人間を体験する、その後、さらに上の生命体を体験する、という具合です。ただし、このように時間と共に低い段階から高い段階へ向上していくというのは一つの見方です。

低いレベルから高いレベルまでのすべての生命体験を一挙に体験しているという見方も可能です。元々高い意識にいた存在が地球生命系やその他の生命系にやってきて、さまざまな意識レベルの生命体を一度に同時並行にすべて体験しているという見方です。その場合は進歩向上ということはありません。単に異なる意識レベルの体験を並列にしているのです。

どちらの視点も正しいと言えますが、本書では輪廻という視点をとります。

Q40 自殺してもその状況を克服しない限り、何度生まれ変わっても、同じ苦しみを味わうの？

まず、Q11でお話ししましたが、自殺したからと言って必ずしも苦しみの世界に行くわけではありません。低層界、中層界、高層界すべてに行く可能性があります。どの世界に行くにせよ、いずれは高層界の「光あふれる世界」へやってきます。そして、しばし休息と癒しや教育のプロセスを経た後、次の生へと向かいます。

ここで重要なのは、この癒しと教育のプロセスで本人がどこまで変わったかです。自殺する人は、自殺に導くような考え方、行動パターンを持っています。それがそういう状況を引き寄せていると言えます。

その特有の考え方や行動パターンの原因となった体験を「癒しと再生の場」で癒し、「教育の場」で今までとは違う考え方や行動パターンを身につけることができたなら、次の生では、自殺に追い込まれるような状況には陥らないでしょう。

それに対して、十分に癒せなかったとか、考え方と行動パターンを変えられなかった場合には、次の人生でいずれ自殺せざるをえないような状況を自ら作り出す可能性が高いと言えます。

この質問のように、「同じ状況を繰り返させられる」というと、何か無理矢理そういう状況の中へ放り込まれるという感じがしますが、真実はそうではなく、自らそういう状況を引き寄せているのです。

それでは、こういう自殺に至るような考え方や行動パターンを変えるのは、生まれてしまった後からではできないのかというと、そんなことはありません。

その原因となった過去での体験を癒しさえすればいいのです。今からでもできます。それは過去世での体験だけでなく、さらに、今生の体験のこともあります。

その原因となった体験をした今生や過去世の自分またその側面は、ほとんどの場合、低層界に囚われています。その自分を救出して「光あふれる世界」まで連れていき、さらに、「癒しと再生の場」で完全に癒します。

そういう自分はひとりでなく、もっと多数いる場合もあります。ひとりずつ根気よく救出していきます。そうすると、いずれ今の自分の考え方と行動パターンが徐々に変化し、自殺せざるをえないような状況を引き寄せなくなります。

Q41 今生の体験を生まれ変わった後も覚えていられる？

普通は覚えていません。

今あなたに前世や過去世の記憶がないように、通常の意識状態では思い出せません。そういう記憶があると、新たな人生を新鮮な気持ちでゼロベースで生きるのに妨げになるからです。

今の人生を終えた段階で、そのすべての記憶をもったまま次の人生を始めるとするとどうでしょうか？　新鮮な気持ちでチャレンジできるでしょうか？　マンネリ化したり、初めてするときのような興奮も興味も沸かないのではないでしょうか？

そういうことを避けるために、記憶を持たない状態で生まれてきます。

ただ、前世や過去世の記憶にまったくアクセスできないかというと、そうではありません。少し深い意識状態に入ると、そういう情報に直接アクセスできるようになります。そのための方法がいくつか開発されていますが、後でお話しするヘミシンクも過去世を知る有用な方法です。

また、ある特定の時代、場所、人物にひかれる、あるいは逆に嫌いとか、怖いという感情を抱くことがあります。これも過去世の体験を反映している場合があります。

私は子どものころ古代ギリシャには興味をひかれたのに、古代エジプトはなぜか恐ろしいという感情が出てきました。うちに子供向けの世界史の本があったのですが、古代エジプトのページは開けられず、いつも飛ばしていました。

後でわかったのですが、古代エジプトで2回悲惨な死に方をしていたのです。そのときの恐怖心が今の自分に影響していたわけです。

知人に契約書類などの公けの文書などを習ったこともないのに簡単に作る人がいます。彼が言うには、過去世で何度もそういう仕事をしてきたからということです。

私の場合は子供のころから星とか宇宙に興味があり、高校のころからは宇宙の真理が知りたいと思うようになり、大学で物理学を専攻しました。

後でわかってきたのですが、いくつもの過去世で宇宙の真理を探究したいと思って、瞑想する集団に属したりしてきていました。

このように過去世での体験が今生での好き嫌いとか、興味の有無、能力のあるなしに関係していることがあります。

Q42 「生まれ変わったらいっしょになろうね」――実際にこういうことは可能なの？

「あの世はどういう世界なの？」でお話ししましたが、「光あふれる世界」には次の人生を計画するところがあります。

そこではガイドやヘルパーと相談しながら、生まれる環境や次の生での重要な出来事や出会いを設定します。結婚相手との出会いも設定する場合があります。

ただ、自分がこの人と会いたい、結婚したいと思っていても、それがそのまま認められる場合と、そうではない場合とがあります。

その出会いがふたりの成長にとって好ましいとガイドたちが判断すれば、出会うことは認められるでしょう。愛情を学べるとか、忍耐を学べるとか、そういう何らかの学びが期待できる場合です。ただ、出会いの後に幸せになるかどうかまではわかりません。それはそのときのふたりに任されます。

破局に至る可能性もあります。というのは、そういう体験をとおして学ぶことが成長にとって好ましい場合もあるからです。もちろんハッピーエンドになることもあります。

それに対して、成長にとって好ましくないとか、今回は他の人との出会いを設定したほうが成長をより促せるとガイドたちが判断すれば、ふたりの出会いは起こりません。起こったとしても話はそれ以上進展しないでしょう。

次の生での出会いが認められなかったとしても、ふたりが心から会いたい、いっしょになりたいと願っていたのなら、いずれかの生には会うことが認められるはずです。

それから、次の質問でお答えしますが、ふたりがこれだけ引き付けあうということは、これまで何回もの人生で出会い、親しい関係になっていた可能性が高いと思います。それが何らかの理由でうまく成就しなかったのかもしれません。

反対にあって結婚まで至らなかったとか、どちらかが早死にしたとか、身分の差のためにあきらめなければならなかったとか、さまざまな理由が考えられます。

いずれの理由にせよ、そういう過去世での満たされなかった思いが強い原動力になっている可能性があります。

Q43 ソウルメイトって何？

ソウルメイトは魂の友という意味の言葉です。

何回もの人生でいっしょに過ごしたことのある、自分と強いつながりのある人を指します。異性とは限りません。親や伴侶、兄弟、親友、仕事や趣味、宗教活動での仲間だったりします。何名かいます。

この人生で、ある期間だけ親密で、その後、それぞれの事情により離れていくという場合もあります。

ソウルメイトに対しては、初めて会ったのにそんな感じがしない、ということがあるかもしれません。何となく懐かしいとか、信頼できるとか感じられるかもしれません。

あるいは、その反対にライバルとか敵相手になるということもあります。

同じソウルグループに属しているというふうに言う人もいます。

それとは別に、常にごく親しい異性としての関係を体験している相手がいる場合もあります。たとえば何回もの人生で、夫婦、兄と妹、姉と弟、いいなずけ、恋人などを体験している相手です。

ただ、こういう相手を指す特定の言葉はないようです。ソウルメイトの中でも特別な人なのかもしれません。

ツインソウルという言葉がありますが、これは違うようです。ひとつの魂が男女のふたつに分かれた場合を言うそうです。ツインソウルの場合はめったに会うことはないとのことです。

Q44 人はなぜ苦しみや悲しみを体験する必要がある？

答えは簡単です。

宇宙には「自分が発したものを自分が受け取る」という原理があります。この原理については前にお話ししました。自分の行ないが、いずれ自分に形を変えて返ってくるという意味です。ここで、行ないには体での行ないだけでなく、言動や心で何を思うかということも含まれます。

人はともすればネガティブ（否定的）な思いを持ち、それに基づいた言動や行動をとります。

ここで、ネガティブな思いとは、怒りや怖れ、悲しみ、苦しみ、恨み、憎しみ、ねたみ、不安、心配、つらさ、罪悪感、不平不満、愚痴、フラストレーション、執着、未練、欠乏感、自己嫌悪などです。

そのため、この原理から、ネガティブなことがらを体験することになります。

ここで、ネガティブなことがらとは、失敗する、恥をかく、損をする、だまされる、病気になる、けがをする、事故に遭うなど。

こういうことがらを体験した結果、またネガティブな思いを持つことになります。つまり振り出しへ戻ったわけです。ネガティブな思いを持ったため、この原理に従って、またネガティブなことがらを体験することになります。輪のように続いていくのです。

この輪を切るには、ネガティブなことがらを体験したときに、ネガティブな思いを持たないということです。あるいは、ネガティブな思いを持った自分をそのまま「あーネガティブな思いを持ってるな」と受け入れる（肯定する）のです。そうするとポジティブ（肯定的）なものに変換されます。

さらに、積極的に喜びや楽しみ、愛、ワクワク感などポジティブな思いやそれに基づく行ないをするとポジティブなことがらを体験するようになります。そうすると、ポジティブな思いを持つ結果になり、好循環が続くことになります。

Q45 輪廻から出られるの？

はい。学ぶべきことを学び終えれば、地球での輪廻から出られます。

私たちは遠い過去のある時点で地球にやってきて、それ以来、地球で輪廻してきています。それは地球生命系で体験をとおして学ぶためです。学んで意識を発展させるのです。

私たちは今、第3密度という意識の発展段階にいます。地球での学びを終えると第4密度に上がり、地球から出て、他の第4密度の生命系へと移っていきます。

つまり、第4密度に上がれば、地球での輪廻から出るということになります。

それでは、そのために何を学ぶ必要があるのでしょうか。

それにはまず、第4密度と第3密度の違いは何かということを理解する必要があります。

違いは、「大いなるすべて」と呼ばれるものと自分がつながっているかどうかです。

それは言い換えれば、「自分の本質」とか「真実の自己」と呼ばれる自分のコアの

第3密度	第4密度
「真実の自己」につながっていない	「真実の自己」につながっている
怖れを土台にした考え方	喜びを土台にした考え方
自分は非力だと信じている	自分には力があることを知っている
ネガティヴな信念を持ち、ネガティヴな感情を体験する	ポジティヴな信念を持ち、ポジティヴな感情を体験する
悲観的、否定的	楽観的、肯定的
何をするのも困難	何をするのも楽
無理に強いる	流れに任せる

部分とつながっているかどうかです。

「大いなるすべて」は無限の愛と受容のエネルギーに満ちています。そのため、そことのつながりがあるかないかで、世の中の見方がまったく違ってきます。

つながっている第4密度は、喜びを基にした見方をし、つながっていない第3密度は、怖れを基にした見方をします。

この結果として、上の表の違いが出てきます。

学ぶべきことは、自分が「真実の自己」とつながっているということです。学ぶと言うよりは思い出すと言うほうが正確です。

そのためにはどうしたらいいのか、詳しくは拙著『覚醒への旅路』（ハート出版）をご覧いただければ幸いです。

Q46 地球に来る前にはどこか他の星にいたの？

はい。

宇宙にはそれこそ星の数ほど星があります。その中には生命が住んでいるものが多数あります。地球上に住んでいる生命がそうであるように、知的な生命もいれば、そうでない生命もいます。

それぞれの生命系はみなユニークな学習の場を提供しています。

私たちはみな地球へ来る前には別の生命系で体験をとおして学んできています。いくつもの生命系を渡り歩いています。

代表的なところでは、プレアデス星団、おおいぬ座シリウス、ケンタウルス座アルファ、うしかい座アークトゥルス、はくちょう座デネブ、こと座ヴェガ、オリオン座リゲルとミンタカなど。

他にも数多くの生命系が太陽系の近くにあり、さまざまな知的生命体がいます。人間と似た姿の生命体も多数いますが、それ以外に、イルカ、カマキリ、仮面ライダーのような姿（顔だけ昆虫）、龍や翼竜など、実にバラエティに富んでいます。

このように物質的な生命もいますが、非物質の生命もいます。そういう生命は特定の形を持たないことが一般的で、私たちには光の点や渦、泡、球、虹のように見えることが多いようです。

私たちは地球での輪廻を終えると、次のレベル（第４密度）にある生命系へ移っていきます。

プレアデス星団には多くの生命系があり、その中には第４密度のものもあります。そこは行く先の可能性の一つです。他にも第４密度の生命系は多数あります。

Q47 トータルセルフって何？

人はそれぞれこれまでに何回も人間やその他の生命体を経験してきています。それぞれの人にとっての、経験したすべての生命体の集団のことをその人の**トータルセルフ**と呼びます。**オーバーソウル**と呼ぶ人もいます。

つまり、これまでに体験した、あるいは体験しつつある、あらゆる自分の集団のことです。大きな自分と考えてもいいでしょう。

すべての過去世と現世の自分の総体と言うこともできます。

ここで現世の自分というのは、この自分だけとは限りません。他にも複数、今の時代を生きている自分がいる可能性があります。ロバート・モンローの場合はトータルセルフのひとりがロシア人の女性として同時代を生きているとのことでした。

夢の中でそういう自分を体験することがあります。

通常の夢と異なり、非常にリアルで、話の展開が支離滅裂ということがありません。夢の中の自分はどこか別の国に住んでいます。それまで何十年もそこで生きてきています。まわりの人たちもそれぞれに人生を持っていて、自分との関係もしっかりとした歴史が感じられます。自分には妻がいて、子供もいます。

こういう感じの夢です。目が覚めて、「あれ？　今のは現実じゃなかったの？」となります。

こういうもうひとりの自分もトータルセルフの一員です。

トータルセルフの中には何千、何万という生命体の体験が含まれています。そのため、ここは経験と情報の宝庫であり、愛情と生命エネルギーに満ちあふれています。ここにアクセスすることで、さまざまな情報を得ることができます。何かわからないことがあれば、質問し答えを得ることができます。

モンローはトータルセルフをI/There（**アイゼア**）と呼びました。向こうの世界（There）の自分という意味です。

自分のI/Thereを代表する存在が10名ほどいます。それをモンローはエクスコム（代表委員会）と呼びました。彼らはガイドとして自分を導いています。

I/Thereはあの世の高層界よりもさらに高い意識レベルにあります。

神仏宗教
について教えて

神や仏、宗教についての疑問
信じる者しか救わない？
なぜ不幸や天災が起こる？

Q48 神様はいるの？

高次の意識レベルの存在は多数います。交信することが可能です。その中の一部は古来より世界各地で神々として祀られています。

高次の意識レベルの存在とひと言で言っても、そのレベルには幅があります。人類は第3密度と呼ばれるレベルにいますが、私たちを導く存在たちはおおむね第4密度から第7密度にいる存在です。

まず、第4密度から第7密度とはどういうレベルなのかということをお話しします。リサ・ロイヤル『アセンションの道しるべ』（ネオデルフィ）に各密度の違いが書かれていますので、ここにその抜粋を載せます。

ところで、この翻訳本では密度ではなく、次元と訳されていますが、注釈には英語ではDensity（密度）となっていると書かれていますので、ここでは密度とします。

第3密度　―　人類の意識

立体的な意識。自我。過去から現在へ、そして、未来へと直線的に進んでいく時間の認識。集団意識の喪失。個別意識の形成。現在の意識を保ちながら、過去や未来について考える能力。

第4密度 ― 超人類。プレアデス人をはじめとする第4密度的な存在の意識
超意識。自我の保持と集団意識の両立。柔軟な時間認識（循環する時間の認識）。多様な密度や波動的な現実の認識。否定的な意識を保つのが難しいレベル。

第5密度 ― 指導霊や霊界のマスターたちの意識
自己を集合意識として認識する経験的なレベル。直線的な時間認識にとらわれない、純粋なエネルギー状態。

第6密度 ― 密度そのものとしての意識
統合された意識や、無限性をその基本的な特徴としており、時に、集合意識

や人格を持つ個別意識として、自らを表現することがあるレベル。しばしば「キリスト意識」と呼ばれてきた密度。キリストや仏陀の意識に相当する。

第7密度 ― トータルなシステムとしての意識
多次元的な経験の認識。一枚の大きな鏡が分裂を繰り返して小片になり、個々の小片が独自の経験を積んだ後に、記憶を保ったままで、再び一枚の鏡に戻る状態に例えられる。

ここで第4密度までは物質的な生命体で、第5密度から非物質的な生命体です。第4密度は物質的とは言いながら、第3密度の私たちから見ると半透明の光り輝く存在と見えるそうです。

それでは次に私たちに関係の深い高次の生命存在にはどういうものがいるのか、順番に見ていきます。

まず、ガイドたち。彼らのレベルを正確に知ることは難しいのですが、おそらく第4から第5密度の生命体だと思われます。後でお話ししますが、自分のトータルセルフの中の高次の存在たちがガイドとなっています。

次に、古来より神が祀られている山や清流、滝、樹木、古くからの神社には、高い意識の存在がいる場合があります。龍神だったり、土地の神や清流の女神、風の神だったりします。彼らは第5密度ぐらいの生命体だと思われます。シリウスやプレアデスから来た生命体のこともあります。

神社によっては、地元で神と祀られていた生命体や人が封印されている場合があります。為政者にとって都合の悪い存在は、悪神とされて封印されてしまうのです。ですから、場合によっては救出が必要なこともあります。

私はこれまでに三輪山の頂上や香取神宮、弥彦山の頂上でそこに封印されていた存在たちを解放したことがあります。彼らはそこに長らく閉じこめられていました。似たようなところは他にも多々あるはずです。縁ある人がそこに導かれて、封印を解くことになると思います。

まれに神社にダークサイドの存在がいる場合があります。霊力は強くて、霊験あらたかなこともありますが、関係しない方が無難です。厳しい雰囲気のところは注意したほうがいいかもしれません。

さらに高い意識レベルの第6から第7密度の生命体たちも大勢います。彼らの一部は世界各地で神として崇められてきています。そのためいろいろな名前で呼ばれています。

彼らは特定の場所にいるわけではありません。そういう空間的な次元を超えた存在です。ですから世界中で認識されているわけです。

それに比べて、特定の山とか清流とかにいる存在は一段ほど低いレベルの存在だと言えます。高位の存在の低位バージョンというとらえ方をすることもできます。

第6から第7密度の生命体の例をいくつか紹介します。

観音菩薩として認識される慈悲の女神は、世界の他の地域でも川や清流、浄化の女神として祀られています。ローマ神話の月の女神ディアナ、古代エジプトの女神イシス、ゾロアスター教のアナーヒタ、ヒンドゥー教のサラスヴァティ、日本の瀬織津姫など。

他にも例をあげると、古代エジプトの知恵の神トート、大天使ミカエル、古代ローマの美の女神ヴィーナス、弥勒（マイトレーヤ）、古代中国の天帝など。

太陽は男性性の高次の意識存在です。生命エネルギーをまわりの空間へ放射しています。高次の生命存在でこれだけ身近に感じることができるものは他には地球だけです。太陽は世界各地で男神として崇められています。天照大神（あまてらすおおみかみ）という女神として祀るのは日本など少数派です。『伊勢神宮に秘められた謎』に書きましたが、天照大神は元々は男神だったと考えられます。

地球は女性性の高次の存在です。こちらも太陽同様に身近に感じることができます。

太陽も地球もその意識レベルがどのくらいなのか、わかりません。

さらに、ずっと高次レベルに行くと、すべての源としての存在がいます。ここまで来るとあまりに高次すぎてそのレベルを推し量ることすらできません。交信は可能ですが、自分の知覚できる範囲内で知覚するという感じです。

このように神々と呼んでいい高次の存在は多数存在します。

Q49 神様と仏様は何が違うの？

まず、仏とは何かというと、悟りの最高位である妙覚を得た人のことです。

悟りと言っても高い悟りから低い悟りまでいろいろあり、『華厳経』によれば、悟りには五十二位あるとされます。その最高の五十二段目の悟りを妙覚と言います。

そういうもっとも高い悟りを得た人のみを仏と呼びます。

地球では歴史上これまでに仏はただひとり、釈迦のみとされます。

『阿弥陀経』によれば、大宇宙にはガンジス河の砂の数ほど数多くの仏がいて、それぞれに広長《こうちょう》の舌相《ぜっそう》を出《い》だして阿弥陀仏の教えを広めているとのことです。広長の舌相とは舌が広くて長いことで、仏の特徴のひとつということです。

このように、仏には厳密な定義があります。

悟りの最高位である五十二位が、どういうレベルなのか想像できませんが、第6密度や第7密度に相当するようなレベルなのではないでしょうか。

宇宙には第6密度や第7密度の高次の意識存在は多数います。その中の一部を仏と認識しているのかもしれません。

いずれにせよ、仏は相当高いレベルの存在です。先ほど紹介したリサ・ロイヤル『アセンションの道しるべ』では、第6密度とされています。

厳格な定義のある仏に対して、神というと宗教により、あるいは伝統により、いろいろな定義や見方があります。たとえば、日本では自然のさまざまなものに神を見ます。八百万《やおよろず》の神という言葉があるように、神はレベルも低いものから高いものまで数多くいると考えられています。その中には非常に高次の存在もいます。たとえば、瀬織津姫という女神は観音菩薩と同じ存在だと思われます。また龍神や蛇神の中には高次の存在もいます。

多神教はギリシャ神話や北欧神話、古代マヤ、古代エジプト、古代インド、ヒンドゥー教など世界各地で見られます。そういう神々の中にも高いレベルの存在はいます。たとえば、太陽神です。太陽は男性性をもった高次の存在です。

ユダヤ教やキリスト教、イスラム教などの一神教では、創造主のみが神です。私はこの神がどういう存在なのかまったくわかりません。

Q50 なぜ戦争や飢餓、天災、不幸はなくならないの？

そもそも戦争や飢餓、天災、不幸の原因は私たち人間にあります。

私たちのネガティブ（否定的）な思いとそれに基づいた行動がネガティブな結果を導いています。

天候不順や災害、水害、地震といった一見私たちの思いや行動に関係ないことがらでさえも、私たちのネガティブな思考や行動が引き寄せている場合があります。

このように自ら招いているという現実があるのに、不幸がなくならないのを高次の存在たちのせいにするのはおかど違いです。受験に落ちたからといって、頼んだ神様の力不足のせいにしているようなものです。

高次の存在たちはそれぞれに役割はちがうかもしれませんが、彼らが一様に願っていることは、私たちに早く気づいてほしいということです。

何に気づくのかと言うと、「自らの不幸の原因は自らの思いや行動にある」ということです。「ネガティブな思いとそれに基づいた行動をやめ、ポジティブな思いとそれに基づいた行動をしなさい、そうすれば幸せになりますよ」ということです。宇宙には「自分が発したものを自分が受け取る」という原理があります。この原理についてはは前にお話ししました。自分の行ないが、いずれ自分に形を変えて返ってくるという意味です。ここで、行ないには体での行ないだけでなく、言動や心で何を思うかということも含まれます。

高次の存在たちは私たちに早くこの原理に気づいてほしいと願っているのです。

地球は第3密度という段階にいますので、その中で生きていくと、ともすればネガティブな物の見方をしやすくなります。そのような見方をすると、「自分が発したものを自分が受け取る」原理のために、ネガティブな体験をすることになります。たとえば、「世の中は苦しいことばかりだ」という信念を持ってると、苦しいことばかりを体験することになります。その結果、やっぱり世の中は苦しいことばかりだと、自分の信念がますます強固なものになっていきます。

ただ、だからと言って、ネガティブな見方を持ち続けて良いわけではありません。それはネガティブな現実を生み出し続けるだけです。高次の存在たちは私たちに「ポジティブな見方を持つように早く切り替えてください」と願っているのです。

Q51 神仏は願いを叶えてくれないの？

前問からの続きです。

高次の存在たちは私たちに早く宇宙の原理に気づいてほしいと願っていると書きましたが、それでは、彼らは私たちの願い（ほとんどが現世利益）をまったく叶えてくれないのでしょうか？

神社仏閣に行って神仏にお願いするのは無意味なのでしょうか？

そんなことはないようです。お願いする相手によっては、またお願いによっては叶えてくれるようです。

自分のことをお願いする場合と、他の人のことをお願いする場合で、少し話が違ってきます。

《自分のことをお願いする場合》

あなたがあることを願ったとしましょう。たとえば、1か月で今よりも3キロやせたいと。

その場合、あなたは本当にそう願っているのか、ということがまず問題になります。心の奥底では、そう思っていないこともけっこうあります。今の状態を言い訳として使いたいので、やせたくないとか。

その場合は、あなたはふたつの相矛盾することを同時に願っていることになります。そのため、うまく行きません。

それでは、心の底からそう願っている場合についてはどうでしょうか。

親に子供がおもちゃを買ってとせがむときのことを考えてみてください。

しっかりした親なら、子の成長にとって役立つかどうかを見極めてから、買うかどうか決めます。また子供が欲しいと言ったものそのままを買うか、別の物にするか、もう少し安いものにするか考えます。

さらに、兄弟がいた場合は、バランスも考えなければなりません。その子だけ買ってあげて、他の子に買わないのは不公平になるとか。親もいろいろ大変です。

ところが、甘やかすことしか知らない親とか、時間に追われている場合はすぐに買い与えてしまいます。

高次の存在にも本当に高いレベルの存在から少しだけ高いレベルの存在までいろいろいます。具体的には第6密度程度から第4密度程度までいます。

後でお話ししますが、低いレベルの存在の中には、故意に願いを叶えてくれるような存在もいます。

こういう例外を除いて、高次の存在たちは、あなたの成長に役立つ場合にのみ願いを聞いてくれるでしょう。あなたの成長に役立つかどうか判断する際、あなたのガイドと相談します。

願いのままに叶えるのか、それとも少し変えるのか、あるいは、小さく叶えるのか考えます。

さらに、あなたのまわりの人たちが何を願っているのか、あなたの願いを叶えることは他の人たちにどう影響するのか、あなただけえこひいきするのはいいのかなど、考慮すべきことがらは無限にあります。

高次の存在の立場に立って考えてみればわかりますが、そんなに簡単じゃないんです！

ということで、あなたの願いがそのままの形で叶うというのはまれでしょう。形を変えて、あるいは、少しだけ実現することのほうが多いようです。

逆に高次の存在の立場になって考えれば、どういう願いなら叶いやすいかわかるはずです。

自分だけでなく、まわりのみんなも幸せになること、自分の成長にとって好ましいこと、こういう条件をクリアしているかどうかが重要です。

《他の人のことをお願いする場合》

この場合は、その人がどう願っているのかが一番重要です。その人はあなたの願っていることと違うことを願っている場合もあります。

また、その人が潜在意識的に何を願っているかがもっとも力があり、顕在意識での願いと異なる場合もあります。

たとえば、ガンで死にそうな人の場合、本人は死にたくないと思っていても、潜在意識では死にたいと思っている可能性もあります。そういう場合は、まわりがいくら治ることを願っても叶わないでしょう。

《願いを何でも叶える存在》

神社や仏閣の中にはそれほど霊格の高くない生命体がいるところもあります。

そういうところは、祈った人の現世利益のためにひと肌脱いでくれることもあります。そうすることで次回からも来てくれるようにしたいのです。その結果として、自分に依存するようにしむけたいのです。あわよくば自分の言いなりになるようにしたいのです。

そういう神社仏閣の場合、お礼参りに来なかったり、お参りしなくなると悪さをされる場合もあります。

暴力団に何かをお願いするのとまったく同じです。叶えてくれますが、後が怖い。

こういうところとは関係を持たないほうが無難です。

Q52 パワースポットって本当にパワーが強いの？

世の中には**パワースポット**と呼ばれる場所があります。私はこれまでにいくつか訪れたことがあります。

たとえば神社としては、大神神社、石上神宮、彌彦（いやひこ）神社、香取神宮、鹿島神宮、伊勢神宮、日吉大社、諏訪大社、出雲大社、物部神社。

場所としては、屋久島、ハワイ島、三輪山、弥彦山、分杭峠、阿蘇山、洞爺湖。

体験録については『ベールを脱いだ日本古代史』、『伊勢神宮に秘められた謎』、『出雲王朝の隠された秘密』（以上ハート出版）、『屋久島でヘミシンク』、『地球のハートチャクラにつながる』（以上アメーバブックス新社）に一部載せてます。

こういう場所で感じたことを列挙します。

①宇宙からの生命エネルギーの流れ込みが強い
②地球のエネルギーが強い

③高い意識レベルへ簡単に行くことができる
④晴れ晴れとした感じのする場所（男性性）と、しっとりとした優しい感じのする場所（女性性）がある
⑤特定のチャクラ（たとえばハートチャクラ）が活性化される
⑥高次の意識存在がいて、交信できる

①から⑥の中の特にどれを感じるかは場所により異なります。

パワースポットと言われるからには、①または②が感じられてしかるべきです。ところが、そうでない場所もありました。ただ、これはあくまで私の感想で、どう感じるかには個人差があるようです。

④に書きましたが、生命エネルギーには陰陽があること、つまり女性的なエネルギーと男性的なエネルギーとがあることは、伊勢神宮の内宮（正宮、荒祭宮）と外宮（正宮、多賀宮）を訪れて明らかな違いとして感じました。

重要なことは、自分で実際に行ってみて感じてみることだと思います。有名なわりには、さっぱりわからないな、というところもあるかもしれません。あるいは、

自分には合わないなとか。

ひとつだけ助言します。パワースポットに行く場合はひとりで行くほうがいいでしょう。

そのほうがその場のエネルギーにしっかりと集中できて、感じ取りやすくなるからです。他の人と行くとおしゃべりしていたりして、肝心な場所に気づかないで通り過ぎてしまうこともあります。

さらに、ふたりで行く場合、相手との関係に何か問題があると、それまで問題として表面化していなかったとしても、それがより明らかな形となって噴出してくる可能性があります。パワーにはそういう効果があるのです。

ここで、パワースポットの効果を列挙してみます。

●高い周波数の生命エネルギーが体内に入りやすい。

その結果として、

●肉体や感情、精神の癒し、浄化が起こる。
●エネルギーの流れの滞っていた部分にエネルギーが流れようとするため、特定部位に傷みが生じる可能性がある。
●隠れていたネガティブな（振動数が低い）因子が表面化しようとするため、日常生活の中でいろいろな問題が噴出してくる可能性がある。
●結果として、自分の周波数が一時的に高くなる可能性がある。頻繁に来ると恒常的に周波数が高くなる。
●自分の周波数が高まると、高い意識の存在と交信しやすくなる。パワースポットには高い意識の存在が常住していることもあり、その存在とつながり交信することが可能となる。

パワースポットには単にいるだけでこういった効果があります。さらに、積極的に生命エネルギーを体内に取り込むイメージングを行えば、より高い効果が期待できます。

みなさんもぜひ一度行って試してみてください。

Q53 人生に目的はあるの？

はい、あります。

究極の目的とそれを達成するための今回の人生の目的とがあります。

私たちはみな遠い過去から人間として輪廻してきていますが、その何回もの人生体験をとおして達成しようとしている目的が究極の目的です。これは万人共通だと言えます。

それに対して、その究極の目的へ向かうために今回の人生で達成しようとする目的があります。こちらの方はそれぞれの人で異なります。

究極の目的は地球での輪廻を終了することです。

「輪廻から出られるの？」でお話ししましたが、輪廻から出るということは、今いる第3密度という意識の発展段階からひとつ上の第4密度の段階へ上がるということです。

神仏宗教

それは「真実の自己」につながるということです。それを覚醒するとも言います。私たちは遠い過去から何度も人間体験をしてきていますが、それは地球で学ぶことで第4密度へ上がるためです。地球はそのために最適の学習の場、いわば学校なのです。

このように私たちの究極の目的は第4密度へ上がることです。これは第3密度にいる私たちすべてに共通する目的です。

それに対して、今回の人生の目的というのもあります。**それは、この究極の目的を達成するために今回特にやろうとしていることです**。ひとつだけでなく、いくつかの目的があってもおかしくありません。

また、各人の進捗状況や、置かれている状況が異なりますので、各人異なった目的を持っています。

より具体的なことがらが目的になります。たとえば愛情を学ぶ、忍耐を学ぶ、人のために尽くすことを学ぶ、子育てを体験することで学ぶ、戦争を体験することで学ぶ、悲惨な状況を体験することで学ぶ。

「光あふれる世界」にある計画の場では、生まれる前に今回の人生について、ガイドと相談しながら、いくつかの重要な出来事を設定します。

その際、まず決めるのが目的です。これまでのいくつもの過去世を学びという視点から見直します。そして、どの分野での発展が遅れているかを見極め、その部分を特に学ぶことを目的に選びます。この辺はすべてガイドとの共同作業です。

目的が決まったら、次にそれを達成するのに役立つように重要な出会いなどを設定していきます。

ただ実際に人生を生きてゆくと、自由意思で選択してゆきますので、最初の思わくからかなりずれてしまうこともあります。

そういう場合は、人生の途中で新たな目的が加わったり、別の目的に軌道修正されたりすることもあります。

Q54 体外離脱体験とは？

自分が肉体から抜け出る現象を体外離脱と呼びます。この現象を体験すると、これまでの人生で、自分は肉体だと深く信じて疑わなかったのが、それはまったくの勘違いだったと知ります。自分は肉体から独立して存在することを知るのです。

私は1990年ごろ2年ほどの間にかなりの頻度で体外離脱を体験しました。それによって人生観と世界観が180度転換しました。

それまでの私は、大学で物理学を専攻したコチコチの物質論者でした。宇宙のすべての現象は物質と物質的なエネルギーで説明がつくと固く信じていました。それがこの一連の体外離脱体験によって考えが根底から覆されてしまったのです。自分とは肉体ではない、物質ではない存在なのです。

それでは肉体から独立して存在する自分とは何でしょうか。

それは前にお話ししましたが、自分の意識と非物質の体です。非物質の体は周波数によって変化します（低層界、中層界、高層界で異なる）ので、より本質的なものは意識だと言えます。つまり、自分とは意識だということになります。

体外離脱現象から言えることは、意識は肉体から離れて存在しうるということです。これは言いかえれば、空間的な束縛から自由だということでもあります。空間的にどこへでも自在に行くことができるのです。

意識はさらに時間的な束縛からも自由で、時間を超えて過去へも未来へも行くことができます。

ということで、意識は時間と空間を超える、つまり時空を超える存在だと言えます。時空を超えるということは、３次元物質世界（４次元時空）の範疇に入らないということになります。

Q55 意識を物理学で扱うことはできるの？

意識を物理学の範疇に取り込み、物理学を拡張しようとする試みが一部でなされていますが、意識が4次元時空（3次元空間＋時間）を超える存在であることを考慮しない試みは失敗に終わると思います。

意識が4次元時空を超えるということは、意識を物理学で扱うには、次元を最低でももうひとつ増やして5次元時空(4次元空間＋時間)を考える必要があるでしょう。

体外離脱とは、その第4の空間次元への移動ということになります。

ただ、この新たな空間次元は、これまでの3つの空間次元とは性質が大きく異なります。他の3つは互いに等価で、ユークリッド幾何学で記述できますが、この非物質次元方向への空間次元は他の3つとは等価ではありません。なにせ通常の物質はそちらの方向へは移動ができないのですから。実際のところ空間次元と呼ぶべきかどうかも定かではありません。単に余剰次元と呼ぶのが適切でしょう。

たとえばこの余剰次元方向に1センチ（こういう距離が定義されるとも思えませんが）離れたところに、我々の住む3次元空間とはまったく別の3次元空間があったとしても、我々はそれを通常の物質的な知覚作用では知覚できません。2センチ離れたところに、また別の世界があったとしても、それも知覚できないわけです。そういったふうにこの軸上に無限の数の世界が存在可能になってきます。

さらに、それぞれの世界にはまったく異なる物理法則が作用していても何ら問題は生じないでしょう。

あるいは、その余剰次元を含む4次元空間（5次元時空）に住む4次元生命体というものが存在する可能性もあります。実際のところ、それが我々の意識だと考えることもできます。ただし、我々は普段はそのことに気づかず、意識は3次元空間内の肉体内に閉じ込められているのです。

1999年に理論物理学者のリサ・ランドールとラマン・サンドラムは新たな空間次元を提唱し、重力だけがそちらへ伝播可能だとするモデルを提案しました。それによって重力が他の3つの力（強い力、弱い力、電磁力）に比べて極端に弱いという階層性問題を説明できる可能性があるとしています。

彼らやその他の物理学者らによって提唱されたモデルは、ブレーンワールド（膜宇宙）モデルと呼ばれています。我々の住む宇宙は、この5次元時空に浮かぶひとつの膜の中にあり、このような膜が無数に存在できるとしています。

私がここで述べている新たな余剰次元は、彼らが提唱する余剰次元とは異なるものです。非物質のみがそちら方向へ移動可能な次元です。

こういった余剰次元を考えることで、意識を物理学の範疇に取り込むための数学的な枠組みを構築する第一歩が踏み出せるのではないでしょうか。

意識は5次元時空内のある種のエネルギー場だと考えられます。そのエネルギーはこれまでの物理学では知られていない、生命エネルギーとでも呼べるものです。

電磁エネルギーの運び手は光子（フォトン）です。同じようにこの生命（バイオ）エネルギーの運び手の量子として、バイオン（Bion）というものを仮定できます。するとリサ・ランドールの提唱した余剰次元には重力子（グラヴィトン）しか伝播できないのと同様に、非物質次元へはバイオンしか伝播できないということになります。

Q56 スプーン曲げは説明できるの？

スプーン曲げという現象があります。これは心に思い描いたことが物質の形状に影響を与えるという現象です。この現象はもちろん現代物理学では説明できません。ですから、普通の物理学者はそういうことは起こらないという立場をとります。

この現象は以下のように考えることができるのではないでしょうか。

余剰次元のところでお話ししましたが、我々の住む3次元物質空間のすぐ隣に別の3次元空間がありえます。その存在を仮定し、さらに、そこにはこの物質世界と瓜二つの世界があるとします。ただし、それは物質ではなく非物質からできているとします。ここで非物質とは通常の物質ではなく、先にお話しした生命エネルギーからできあがっています。

この物質世界と瓜二つの世界のことを疑似物質世界と呼ぶことにします。

疑似物質世界にあるすべての物は、我々の物質世界にあるすべての物の鋳型、祖型、元型として働きます。

鋳型であるという意味は、鋳型の形や状態が変われば、それに応じて物質界のほうの物の形や状態も変わるということです。

スプーン曲げとは、意識の力（想像力）によって鋳型を変えることです。意識の力とは先ほどの生命エネルギーの一形態で、非物質である鋳型に作用するのです。

鋳型の形が変わったので、それに応じて物質界のスプーンも形が変わります。

ですから、スプーン曲げをやるコツは、曲がったスプーンをしっかりとイメージすると同時に、生命エネルギーを十分注入することです。それにはワクワク感とか喜びがいっぱいあふれた心境になることが重要です。大勢でディスコの曲を流してワイワイやるとうまく行くのはこのためです。ちょっとハイになった状態になるのです。

ここで、鋳型についてもう少し考察してみます。すべての物質にその鋳型があるということは、分子や原子、さらには陽子、電子、光子といった素粒子にもその非物質バージョンがあるということになります。そして、それらがバイオンと相互作用するということになります。

Q57 霊的ヒーリングは説明できるの？

病気やケガの治療に、正常な状態をイメージすることや、いわゆるヒーリングが効果を発揮することがあります。これはスプーン曲げと同様なやりかたで説明できます。

イメージングやヒーリングでしていることは、正常で健康な状態をしっかりとイメージし、そこに生命エネルギーを吹込むということです。それは鋳型を正常な形に戻すことをしているのです。鋳型が元に戻れば、体の方も正常になります。

ただし、病気の場合、本人の潜在意識に病気を生み出す原因となる思いがある場合があります。そういう場合は鋳型がその思いを反映しますので、一時的に良くなっても、根本原因がなくならないと、また元の病気が再発することもあります。そういう場合は根本原因である、潜在意識内の原因（自分の存在を否定する思いなど）を癒し、浄化することが必要です。

物理学

《顕在意識VS潜在意識》

実は、鋳型は顕在意識よりも潜在意識を反映しやすい状況にあります。

顕在意識は脳波で言うとベータ波（13ヘルツ以上）です。しっかり目覚めて物質界を知覚している状態です。

それに対して、潜在意識はシータ波（4~7ヘルツ）やデルタ波（4ヘルツ以下）に相当します。眠りの状態です。意識の焦点は物質界から離れ、非物質界へと入っています。そこは鋳型の存在する領域ですので、潜在意識が鋳型に反映されるのです。

なので、イメージングをやるのも顕在意識ではなく、潜在意識でやるほうがうまくいくことになります。深い意識状態になってイメージングするということがコツです。

後でお話しするヘミシンクは深い意識状態に入るのに適しています。

Q58 物質化現象は説明できるの？

鋳型を想像で変えることができるということは、何もないところに想像で鋳型を作り出すことも可能だということです。鋳型ができたということは、それに対応する物質が3次元物質世界に創造されるということです。つまり、想像だけで、何もないところに物質を生み出すことができることになります。実際、聖者と呼ばれる人にはそういうことをやる人もいます。インドのサイ・ババが有名です。

ただし、この物質化現象が本当だとすると、「質量保存則」に矛盾するように思えます。何もないところに突然物質が現れたということは、質量が増えたということになるからです。

ただ質量保存則というのは、相対性理論によって否定されていて、より大きな意味での「エネルギー保存則」に取って代わられています。質量とエネルギーは等価であり、エネルギーさえあれば、質量がないところに突然質量が現れることもありえます。実際、素粒子の世界ではそれは日常茶飯事です。

物理学

ですから、聖者は次のようにしていると考えるとうまく説明できます。

◆鋳型を非物質界に想像で作る。
◆生命エネルギーを鋳型に注入する。
◆生命エネルギーを物質エネルギーに変換することで、鋳型を物質化する。

非物質次元の生命エネルギーまで含めると「エネルギー保存則」は保たれていると考えられます（エネルギー保存則を5次元時空にまで拡張する必要がありますが）。

ここで問題は、どうやって生命エネルギーを物質エネルギーに変換しているのか、ということでしょう。

それは振動数を下げるということです。

非物質界の振動数は物質界よりも高いと言われます。高い振動数を持つ鋳型の振動数を下げると自然に物質になるのです。

聖者と呼ばれる人が物質化現象を行えるのは、彼らは生命エネルギーを集めるコツをつかんでいるというよりも、宇宙の生命エネルギーの源とつながりが強く、そのエネルギーを自在に体内へ取り込むことができるからと考えられます。源との間のチャンネルが開いているということです。

さらに、イメージングすることに慣れていること。そして、重要な点ですが、振動数を下げる術《すべ》を知っているということでしょう。

今のところ聖者しかできない物質化現象ですが、もしも我々が自在にできるようになれば、食べ物や物を作り出すことができるようになります。それは夢のような話ですが、真面目に研究するに値するのではないでしょうか。貧困や食糧難から解放されるのですから。

実は、ピラミッドなどの特殊な幾何学構造は高い振動数の非物質エネルギーの振動数を下げて、物質的エネルギーに変換する装置だと言われています。ここで物質的エネルギーとは具体的に電気エネルギーです。

この古代の技術が解明されると、宇宙に無限にあると言われる生命エネルギーを電気エネルギーに変換することが可能となり、人類はエネルギー問題から永遠に解放されることになります。

人類がエネルギーを獲得するために多くの労力と時間を費やしていることを考えると、この技術の解明のもたらすインパクトの大きさは計り知れません。

意識や生命エネルギーについてはまだほとんど研究されていない状況です。逆に言えば、大いに発展の余地があるということになります。

ヘミシンク
ってどんなもの？

あの世を体験できる
方法の一つを紹介します

Q59 ヘミシンクとは？

米国人のロバート・モンロー（1915年―1995年）が開発した音響技術です。モンローは元々は放送番組制作会社を経営するビジネスマンで、1940年代から60年代にかけて全米でヒットするようなラジオ番組をいくつも制作しました。

音響技術に詳しかった彼は音を使って人を睡眠状態に導き、睡眠学習や加速学習ができないか研究していました。自分が被験者となっていたのですが、それが原因したのか、体外離脱を体験するようになります。

彼は何度も体外離脱を体験することで、人は肉体を超える存在であり、死後も生き続けることを知るようになります。さらに、死後世界の詳細やガイドたちの存在、過去世の存在などを知るようになりました。その結果、世界観が大きく変容しました。

モンローはこの貴重な知識を多くの人に知ってもらいたいと思いましたが、本で伝えたところで、人の信念までは変えられないことを悟ります。さらに、人の信念を変えるには、みなが自ら体験するしかないということに気づきます。

それでは、それを可能にするにはどうしたらいいのか、ということから音を使った技術の研究を進め、ヘミシンクの開発に至りました。

体外離脱などに代表される意識状態は、眠りに落ちる寸前の状態で起こることが当時知られていました。その状態は脳波では4ヘルツ前後です。そこで、4ヘルツの音を聴かせてそういう脳波状態に導こうとしました。ところが人の耳は20ヘルツよりも低い音は聞こえないという問題がありました。

そこでバイノーラル・ビートという方法が使われました。それは左右の耳に周波数の若干異なる音をステレオヘッドフォンをとおして聴かせるというものです。そうすると、左右の耳で生じた信号は脳の中央部にある脳幹に伝わり、その周波数の差に相当する第3の信号が発生します。脳波はこの信号に同調するように導かれます。

聴かせる左右の音をたとえば100ヘルツと104ヘルツにすると、差に相当する4ヘルツの脳波が導かれます。このペアの周波数の差を変えることで、異なる脳波を導くことができます。

ヘミシンクでは、ひとつのペアだけでなく、7つほどのペアが使われていて、体は深くリラックスしながら、意識は目覚めているという状態を作り出しています。そうすることで、深い意識状態に入りながら、その状態をしっかりと把握し、理解し、記憶できるようにしています。

ヘミシンクを聴くことで体外離脱を経験する人もいますが、多くの人が体験するのは、意識の一部が肉体に残った状態で、一部が物質世界からずれた状態へと入っていくという体験です。肉体を動かそうと思えば動かせる状態で、意識の一部は、あの世を訪問する、あるいは、過去世を体験します。

通常の体外離脱では、肉体から自分がほぼ完全に抜け出るので、一度肉体から出ると、肉体のことは意識できません。その代わりに非物質の体のほうを自覚します。

それに対して、ヘミシンクの体験では、やろうと思えば、肉体と非物質の体の両方を意識することができます。ただ非物質の世界にどっぷり浸かりだすと肉体のことは忘れる傾向があります。

ヘミシンクを聴いて体験するような通常とは異なる意識状態を変性意識と呼びま

《フォーカス 10》	肉体は眠っているが、意識は目覚めている状態。
《フォーカス 12》	知覚が広がった状態。意識が物質的、肉体的な束縛から自由になった状態。
《フォーカス 15》	意識が時間的な束縛から自由になった状態。自由に過去や未来へ行ける。
《フォーカス 21》	この世とあの世の境界。
《フォーカス 23 から 27》	あの世。死者の体験する意識状態。
《フォーカス 34 ／ 35》	トータルセルフのあるレベル。地球生命系への入り口。

す。ただ、一口で変性意識と言ってもさまざまな状態があります。

モンローはこういったいくつもある変性意識の中から有用なものを選び、覚醒した意識に近い方から順に番号をつけました。ただ、番号は目安という意味から飛び飛びです。番号をフォーカス・レベルと呼びます。

それぞれのフォーカス・レベルを体験できるようなヘミシンク音が開発されています。

Q60 ヘミシンクで行った世界が本当にあの世だとどうして言えるの？

ヘミシンク体験だけでなく、体外離脱や臨死体験にも同様の疑問を持つのは当然のことだと思います。

結論から言うと、客観的な事実として証明することは難しく、あくまでも体験した人の主観的な感想だということになります。

モンロー研究所では、ライフラインという宿泊セミナーに参加すると救出活動を行ないます。プログラムが始まった当初（１９９０年代）は、救出した人についてのデータをできるだけ集めようとした時期がありました。

救出した人の名前、生年月日、死亡した年月、年齢、住んでいた住所、死因、家族の名前、社会保障番号など。そういったデータを集め、後で調査して実在したことが判明したら、あの世の実在の証拠になると考えたわけです。

ところが、いくつかの問題が生じました。

まず、名前と住んでいた場所ぐらいなら聞きだせても、それ以外の情報はなかなか聞きだせなかったということです。

私見ですが、救出されるということは、低層界にいた人が多かったわけです。そういう状態にいる人はボーっとしていることが多く、頭が回らないという問題があり、この手の質問をしても思い出せない可能性が高いと思います。高層界にいる人に質問すれば、違った結果になったかもしれません。

さらに、ある程度情報を得た人について、その残された家族にコンタクトすると、とんでもないことになったということです。「なぜあなたたちがそんなことを知ってるのか、あなたたちは何者なんだ。放っておいてくれ！」という具合です。

ということで、この試みは見事に失敗しました。

このように、世間一般を納得させることができるような証拠を集めることには難しさがあります。

ただ、そうではなく、もっと個人レベルで納得するような証拠なら、何度もあの世を訪れたり、救出活動をしていると得られることがあります。客観的な証拠にはなりませんが、本当だと思える体験をするのです。これはあくまでも主観的な体験です。

たとえば、亡くなった家族や親族、知人に会った、そのときの感触が本当にリアルだった、というような体験です。

あるいは、亡くなった夫しか暗証番号を知らないので、あの世で会って聞いてきたら、本当に合ってた、という体験です。

このように本人にしか有効でない証拠なら、無数にあるでしょう。

客観的な証拠を集めるのが難しい今の段階でできることは、こういう体験をした人の数を増やすことです。世の中の数パーセントでもそういう体験をしていれば、客観的な証拠は不必要になるのではないでしょうか。

ヘミシンクの優れている点は、だれでもその気にさえなればあの世を体験できるという点です。

体外離脱のようにかなりの能力者しかできない、その能力者をもってしても、任意にできるわけではないのと違います。あるいは、臨死体験のように一生に一度あるかないかの体験というのとも違います。

ヘミシンクを多くの方に聴いてもらい、あの世を体験してもらえればと思っています。

おわりに

本書ではヘミシンクを聴くことで体験的にわかってきてあの世の姿を元にして、あの世について多くの人が持つ疑問にお答えしてきました。

本書でお話ししたことの中で特に重要だと思われる事柄を最後に列挙しておきます。

◆人は死んでも生き続けます。
◆あの世はあります。
◆あの世にはいくつもの世界があり、この世に近いほうから遠い方に層状になっているると考えていいでしょう（本書では近いほうから順に低層界、中層界、高層界と呼んでます）。
◆死んだらすべての人にお迎えが来ます。お迎えに従って行くと高層界へ行けます。
◆死んだら裁きを受けるということはありません。
◆死んだ人に生きている私たちがコンタクトすることは可能です。

◆あの世はこの世と同じところにあると考えてもかまいません。周波数が違います。
◆人は生まれ変わります。何度も生まれ変わることで、体験をとおして学んでいます。
◆地球に来る前に他のいくつもの生命系で生きていました。
◆地球で学ぶべきことを学ぶと、地球を卒業して、さらに上の生命系へと移行します。
◆神々と呼んでいい高次の生命存在は多数います。
◆人生には万人共通の目的と、各人それぞれの目的とがあります。

こういった事柄は自分で体験をとおして知ることができます。それにはヘミシンクを聴くという方法が最適です。興味ある方は、アクアヴィジョン・アカデミーのウェブサイトをご覧ください。 http://www.aqu-aca.com/

本書でとりあげた疑問以外にもまだたくさんの疑問があるかと思います。本書に挟んだアンケート葉書に質問を書いて、ハート出版編集部までお寄せください。本書の続編が出る場合には、ぜひお答えしたいと思います。

著者紹介／**坂本政道** さかもとまさみち
モンロー研究所公認レジデンシャル・ファシリテーター
（株）アクアヴィジョン・アカデミー代表取締役

1954年生まれ。東京大学理学部物理学科卒、カナダトロント大学電子工学科修士課程修了。

1977年～87年、ソニー（株）にて半導体素子の開発に従事。

1987年～2000年、米国カリフォルニア州にある光通信用半導体素子メーカーＳＤＬ社にて半導体レーザーの開発に従事。2000年、変性意識状態の研究に専心するために退社。2005年２月（株）アクアヴィジョン・アカデミーを設立。

著書に「体外離脱体験」（たま出版）、「死後体験シリーズⅠ～Ⅳ」「絵で見る死後体験」「2012年目覚めよ地球人」「分裂する未来」「アセンションの鍵」「坂本政道ピラミッド体験」「スーパーラブ」「あなたもバシャールと交信できる」「坂本政道　ブルース・モーエンに聞く」「東日本大震災とアセンション」「激動の時代を生きる英知」「ベールを脱いだ日本古代史」「古代史２　伊勢神宮に秘められた謎」「古代史３　出雲王朝の隠された秘密」「あの世はある！」「明るい死後世界」「覚醒への旅路」「ダークサイドとの遭遇」（以上ハート出版）、「超意識あなたの願いを叶える力」（ダイヤモンド社）、「人は、はるか銀河を越えて」（講談社インターナショナル）、「体外離脱と死後体験の謎」（学研）、「楽園実現か天変地異か」「屋久島でヘミシンク」「地球のハートチャクラにつながる」（アメーバブックス新社）、「マンガ死後世界ガイド」「５次元世界の衝撃」「死ぬことが怖くなくなるたったひとつの方法」（徳間書店）、「バシャール×坂本政道」（VOICE）、「宇宙のニューバイブレーション」「地球の『超』歩き方」（ヒカルランド）などがある。

最新情報については、
著者のブログ「MAS日記」（http://www.aqu-aca.com/masblog/）と
アクアヴィジョン・アカデミーのウェブサイト（http://www.aqu-aca.com）に常時アップ

死ぬ前に知っておきたいあの世の話

平成28年 6月11日　第１刷発行

著　者　坂本　政道
発行者　日高　裕明
発　行　ハート出版

〒171-0014　東京都豊島区池袋３- ９-23
TEL 03-3590-6077　FAX 03-3590-6078
ハート出版ホームページ　http://www.810.co.jp

ISBN978-4-8024-0018-3 C0011　印刷／中央精版印刷